U0813597

中国青年政治学院
CHINA YOUTH UNIVERSITY FOR POLITICAL SCIENCES

法学文库

实事求是　朝气蓬勃

本书得到中国青年政治学院出版基金资助

美国囚犯战争

THE UNITED STATES WAR ON PRISONERS

姜文秀◎著

北京大学出版社
PEKING UNIVERSITY PRESS

图书在版编目(CIP)数据

美国囚犯战争/姜文秀著. —北京:北京大学出版社,2015. 12
ISBN 978 - 7 - 301 - 26684 - 7

Ⅰ. ①美… Ⅱ. ①姜… Ⅲ. ①犯罪分子—监督改造—研究—美国
Ⅳ. ①D971. 267

中国版本图书馆 CIP 数据核字(2015)第 314917 号

书　　名 美国囚犯战争
Meiguo Qiufan Zhanzheng
著作责任者 姜文秀　著
责 任 编 辑 王建君
标 准 书 号 ISBN 978 - 7 - 301 - 26684 - 7
出 版 发 行 北京大学出版社
地　　址 北京市海淀区成府路 205 号　100871
网　　址 http://www. pup. cn　http://www. yandayuanzhao. com
电 子 信 箱 yandayuanzhao@ 163. com
新 浪 微 博 @ 北京大学出版社　@ 北大出版社燕大元照法律图书
电　　话 邮购部 62752015　发行部 62750672　编辑部 62117788
印 刷 者 北京大学印刷厂
经 销 者 新华书店
730 毫米 × 980 毫米　16 开本　12 印张　178 千字
2015 年 12 月第 1 版　2015 年 12 月第 1 次印刷
定　　价 35. 00 元

未经许可，不得以任何方式复制或抄袭本书之部分或全部内容。
版权所有，侵权必究
举报电话：010 - 62752024　电子信箱：fd@ pup. pku. edu. cn
图书如有印装质量问题，请与出版部联系，电话：010 - 62756370

总　序

新中国的法学研究起步于20世纪50年代，改革开放以来不断发展，现在达到了空前的繁荣。当前，中国特色社会主义法律体系已经形成，建设社会主义法治国家的历史重任业已摆在了我们的面前，完备的法治需要先进的法律文化，先进的法律文化必然能推动完备法治的形成。当代中国的法律学者任重道远，我们应该有信心、有能力建立起有中国特色的法学理论体系，创造出引领中国法治建设的先进的法律文化。

中国青年政治学院法律系的法学研究人员同样担负着这样的使命和责任，并积极参与其中。中国青年政治学院法律系成立于1993年，伴随着我国改革开放的深入和法治建设的进程，不断发展壮大。该系是一个年轻的教学科研单位，广大教师年富力强，绝大多数是改革开放以后在国内外著名大学取得博士学位的青年才俊。他们热爱法学教育事业，关心我国的法治建设，思想活跃，科研能力较强，科研成果丰富，把他们的优秀科研成果汇编成丛书，不仅是对他们的鼓励，也能够极大地促进我校的法律科学研究，并为国家的法治建设作出独特的贡献。

基于这样的目的，我们编辑出版了《中国青年政治学院法学文库》。该文库以反映在中国青年政治学院法律系工作的法律学者的研究成果，促进我国法治建设和法学的繁荣、发展，促进我校科学研究和人才培养，扶植学术新生力量为主要宗旨，由学院学术委员会和法律系学术委员会审慎选择我校法律研究人员的优秀学术成果，由中国青年政治学院逐年资助出版。

列入出版计划的相关书籍涵盖法学各个学科，观点新颖，思想丰富，学术规范，论证严密，不失为优秀的法学著作。学术事业是一个薪火传承的事业，今后，本文库将不断推出新人新作，希望中国青年政治学院法律系教师能够继续潜心治学、求真求新、务实严谨，并且凝聚成一个朝气蓬勃、锐意进取的学术团体，创造出更高、更有分量的学术成果，为繁荣我国的法学研究和法学教育事业贡献自己的力量。

王新清

中国青年政治学院常务副院长、教授

前　言

20 世纪 60 年代，美国犯罪率急剧上升，再犯罪率居高不下，社会治安状况持续恶化。1965 年约翰逊政府发动了一场全面打击犯罪的战争，之后的尼克松、里根与布什政府也持续开展了打击犯罪的战争。这就是在全美范围内以控制犯罪为目标的"犯罪战争"（War on Crimes）。里根与布什时期犯罪战争的内容已经明确：使用严厉的刑罚——主要是大量使用监禁刑来打击和威慑犯罪。在犯罪战争进行当中，美国毒品问题越来越严重，打击毒品犯罪逐渐成为犯罪战争的主战场。以全面禁毒为目标的"毒品战争"（War on Drugs）在美国打响以后，其政策的主要特征却逐步发展为"零宽容政策"（Zero Tolerance），零宽容政策使美国监禁刑的使用一再突破美国监狱所能承受的极限。犯罪战争初期，美国联邦监狱和州监狱共有在押囚犯不到 20 万人，2009 年这个数字飙升至 230 万人，无论监禁人数，还是监禁率，美国均早已连年稳居世界第一。美国的犯罪战争和毒品战争已经逐步演变为"生产"大量囚犯的"囚犯战争"（War on Prisoners）。以过度使用监禁刑造成高监禁率为标志、以庞大的监禁人数导致监狱拥挤为特征的囚犯战争是近几十年来美国社会最重大的事件之一。

囚犯战争使美国刑事司法机构不断扩大，1965 年刑事司法执法体系雇员 60 万人，1993 年增长到 200 万人。联邦监狱、州监狱不断新建，1984 年，联邦监狱 30 所，州监狱 694 所，2000 年分别增至 146 所和 1 558 所。尽管如此，美国监狱仍然拥挤不堪，监禁条件也越来越差。这给监狱里的囚犯带来严重的疾病、心理、暴力和闲散等不良影响。而囚犯战争带给美国社会的影响更是全面的、深远的。囚犯战争造成

470 万人被剥夺选举权，否则戈尔就会在 2000 年赢得佛罗里达的选举，从而当选总统，美国的历史也将因此改写。囚犯战争使美国移民问题深化，种族矛盾加剧。囚犯战争使美国刑事司法执法成本激增，国家财政不堪重负。囚犯战争使监管难度越来越大，再犯罪率有增无减。囚犯战争还使美国文化发生了深刻蜕变，人们的生活方式乃至思维方式也因此而改变。

由犯罪战争和毒品战争逐步演变而成的囚犯战争，其形成原因是复杂的，但究其根本，则是美国固有社会矛盾的深化乃至激化所造成的。美国社会的主要矛盾有移民问题、种族问题、贫富问题、毒品问题等；其他矛盾有城市问题、资源问题、环保问题、就业问题、医保问题等。这些矛盾的发展是促成囚犯战争更为深层的根本原因。但问题并不止于此，在同一历史时期，俄罗斯和南非的社会矛盾比美国更为严重，这两个国家甚至经历过政治结构和经济基础的巨大变革，尽管它们的监禁人数和监禁率也不低，为什么却比美国"略逊一筹"呢？这说明犯罪率和监禁率并不是简单的对应关系。相似的犯罪率，人们对此的认识和处置并不相同，甚至相去甚远。美国刑罚理论向古典主义的回归、刑事政策的趋于严厉、严格量刑规则以及限制取消假释等因素对此都起到了举足轻重的作用。

为了解决囚犯战争带来的诸多社会问题，美国进行了艰苦的理论探索，复杂的政策调整，长期的法律实践。在长期的法律实践中，美国既有暂时的权宜之计，如复兴私营监狱以解决公立监狱拥挤问题；也有长远的根本之策，如发展社区矫正以根除囚犯战争的种种弊端。以缓刑和假释为主要内容的社区矫正制度在美国由来已久，至少可以追溯到 19 世纪，到了 20 世纪 60 年代社区矫正制度发展非常迅猛，甚至发展到被滥用的程度，最后社区矫正滥用竟然成为囚犯战争的口实。后来社区矫正制度在曲折中不断调整、不断充实、不断完善，终于形成了一整套富有美国特色的、成熟的社区矫正制度，为缓解囚犯战争起到了关键作用。社区矫正制度之所以能起到如此重要的作用，是因为它代表了"刑度趋于轻缓，执行趋于开放"的刑罚发展方向。

美国囚犯战争的损失是巨大的，教训是深刻的。认真研究美国囚犯战争，从中获取有益启示，对于我国进行社会主义现代化建设，尤其是进行法制现代化建设，不仅具有理论价值，而且具有现实意义。尽管我国开始社区矫正已有10年，但相较于美国仍属刚刚起步，具有非常紧迫的实际意义。我们一定要走现代刑罚发展的必由之路，大力改革完善我国社区矫正制度。当前，一定要认真执行《社区矫正实施办法》中关于社区矫正适用主体、适用方式和适用条件的规定，既要积极开展，又要稳妥落实。根据我国实际情况，参照欧美相关法规，及早制定出我国的“社区矫正法”。尽快组建各级社区矫正领导、管理、培训机构，尽快组建基层社区矫正机构。充分利用我国体制上的优势，国家各级政府和执法机关、社区矫正机构、社会团体、民间组织以及志愿者应该通力合作，为改造罪犯、减少犯罪，为建设一个和谐、有序、文明、健康的社会共同努力。

目　录

第一章　美国囚犯战争的背景

美国囚犯战争是一场经历时间长、社会影响面广的特殊战争，这场战争的发生不是偶然的，它是美国社会基本矛盾的一种集中反映。为了正确认识和理解囚犯战争，了解它发生的历史背景，尤其是法律背景是非常必要的。

第一节　美国囚犯战争的含义

20 世纪 30 年代到 60 年代这 30 年，美国经历了历史上第一次稳定的犯罪率全面下降时期。60 年代之后，美国犯罪率急剧上升，再犯罪率居高不下，社会治安状况持续恶化。一时间，街头犯罪、民权运动、警察为控制公共无序状态所做出的反应成为社会焦点。人们对街头犯罪的恐惧感迅速上升，比犯罪率上升的速度要快得多。① 在这种情况下，美国对待犯罪问题的态度也发生了变化：对有组织犯罪、滥用毒品和暴力犯罪等的关注越来越多，犯罪开始被确认为国家问题，联邦政府认为自己有正当理由对这些问题加以解决。于是，约翰逊政府在 1965 年发动了一场全面打击犯罪的战争，1969 年尼克松政府继续开展打击犯罪的战争，之后的里根与布什政府也持续开展打击犯罪的战争。这就是以在全美范围内控制犯罪为目标的犯罪战争。犯罪战争一词，1996 年美国著名律师史蒂夫·丹辛格（Steven Donziger）在其主编的《真实的犯罪战争：国家刑事司法委员会的报告》（*The Real War on Crime: Report of the National Criminal Justice Commission*）一书中曾使用，1998 年美国政治学家约瑟夫·达韦（Joseph Davey）在他的《监狱

---

① Hancock, Harry W, Sharp Paul, *Public Policy, Crime and Criminal Justice*, 3rd ed. Essex, UK: Pearson Education LTD, 2004: 2.

扩建的政治学：为了赢得大选发动犯罪战争》(*The Politics of Prison Expansion*：*Winning Elections by Waging War on Crime*)一书中也曾使用，后来在美国逐渐形成较为普遍的一种说法。里根与布什时期犯罪战争的内容已经明确：运用严厉的刑罚，主要是大量使用监禁刑去控制当前的罪犯，威慑潜在的犯罪。

在犯罪战争进行中，毒品问题变得越来越严重，打击毒品犯罪逐渐成为犯罪战争能否取得成效的关键因素，因此，一场以全面禁毒为目标的毒品战争在美国打响。毒品战争这一说法，是1968年美国总统大选时尼克松把它作为一个竞选口号提出来的。尼克松总统凭借毒品战争的全新禁毒理念，决心利用外交、法律和医疗等各种手段对毒品加以全方位围剿。20世纪80年代，里根代表共和党强调法律与秩序，使犯罪问题再一次成为国家的政治主题。当选总统后，里根控制犯罪的政策更倾向于打击，而非预防。在他任职期间，毒品犯罪达到顶峰，打击毒品滥用和毒品买卖的毒品战争也因而达到顶峰。至今仍在进行的毒品战争是美国百年禁毒史上的一个特殊阶段，它的禁毒政策不仅是美国的禁毒政策，同时也是联合国的禁毒政策，这给美国乃至整个国际社会的禁毒都带来了深刻影响。这项以美国为中心、由相关国家参与取缔非法毒品的全球禁毒政策，其特征是从供给与消费两个方面堵截毒品，并且运用法律甚至军队等强硬手段。毒品战争作为禁毒政策的另一特征是对毒品非法拥有者采取零宽容政策，这也是今天美国监狱人满为患的一个重要原因。① 截至1991年，美国因毒品战争导致的死亡人数高达119万人，这一数字远高于第一次世界大战、朝鲜战争以及越南战争的死亡人数。②

从犯罪战争到毒品战争，到最后毫无争议地转化为国家各个矫正机构内部的囚犯战争，这是美国20世纪60年代以来在打击犯罪上所走过的道路。

过度使用监禁刑造成监禁人数空前增长。1970年美国联邦监狱和州监狱共有在押囚犯不到20万人，2009年这个数字增长了7倍，达

---

① 参见林晓萍：《“毒品战争”及其问题评析》，载《福建警察学院学报》2010年第2期，第27—28页。

② 同上书，第31页。

到 1 529 780 人，加上看守所 767 620 名在押囚犯，美国在押囚犯总数达到近 230 万人。[①] 同时，美国在押囚犯所占人口比例，几乎是世界平均水平的 6 倍。监禁人数和监禁时间的空前增长，使美国政府不得不大规模兴建新的监狱。1984 年，联邦监狱 30 所、州监狱 694 所；2000 年，联邦监狱增至 146 所、州监狱增至 1 558 所。仅以加州为例，在过去 20 年中就新建了 21 所监狱，尽管如此，在美国，监狱仍然“供不应求”。[②] 监狱拥挤，早已超出了监狱的负荷能力和管理能力，由此带来的种种问题更是超乎想象。为了描述犯罪战争和毒品战争不断产生的大量囚犯及其造成的恶果，美国的理论家创造了囚犯战争这种形象的说法。著名心理学家菲利普·津巴多的学生、加利福尼亚大学心理学教授克雷格·哈尼（Craig Haney）就在其《囚犯战争中的受害人》（Counting Casualties in the War on Prisoners）一文中使用囚犯战争这种说法，来描述美国监狱的拥挤状态和美国监狱系统遭受的危机。

附带说一下“War on Prisoners” 与“Prisoners of War”不同，“Prisoners of War”是指武装冲突中被囚禁的敌对一方的平民或者士兵，俗称战俘；而“War on Prisoners”是指有关囚犯的战争，即囚犯战争。美国人习惯用“战争”来描述大规模的活动，比如“儿童战争”“贫穷战争”“需求战争”“癌症战争”“圣诞节战争”，等等。本书核心概念采用囚犯战争，而不采用“高监禁率”这样的说法，不是为了迎合美国人的习惯，更不是为了故弄玄虚，而是为了能够准确地表述美国在犯罪战争和毒品战争中过度使用监禁刑及其造成的恶果。本书所谓囚犯战争，是指美国在犯罪战争和毒品战争中过度使用监禁刑造成高监禁率、庞大监禁人数，导致监狱拥挤的社会现实。很显然，采用“囚犯战争”一词，鲜明地表达了本书对美国在犯罪战争和毒品战争中过度使用监禁刑的批判态度，并且形象地揭示了其造成危害的程度和规模。

---

① Facts about Prisons and Prisoners, The Sentencing Project, http://prisonpolicy. org/scans/prison_facts. pdf[2010-11-16].

② 参见刘力：《美国监狱人口全球第一》，载《天涯》2003 年第 2 期，第 191 页。

第二节 美国监禁刑的发展

美国监禁刑走过了一条曲折的道路,它感受过社会的文明和历史的进步,也遭遇过深刻的困惑和巨大的困境。研究美国囚犯战争,必须了解美国监禁刑的发展。监禁刑的发展与刑罚理论的发展是一脉相承、基本对应的。因此,本书以刑罚理论的发展阶段来区分监禁刑的不同历史时期。

一、美国监禁刑的产生

美国在殖民地时期没有监禁刑,因此没有监狱,只有临时性关押机构。这种临时关押机构并不是惩罚工具,只是用来临时羁押等待审判的犯罪嫌疑人的场所。美国监禁刑产生于200年前,作为死刑、肉刑和放逐的一种替代刑罚,它代表了人道主义改革思想。日本刑法学家福田坪、大塚仁指出:刑罚的历史,本来就是人的历史,这里记录着人生观的变化。时至19世纪,曾经占据刑罚宝座的身体刑和死刑,逐渐被自由刑所替代。① "曾经降临在肉体上的惩罚应该代之以深入灵魂、思想、意志和欲求的惩罚。如果由我来施加惩罚的话,惩罚应该打击灵魂而非肉体。"②刑罚实现了以死刑和身体刑为代表的肉体折磨转向以监禁刑为代表的灵魂控制的蜕变,这无疑是一种巨大的历史进步。美国有历史记载的最早为关押重罪犯而建立的监禁机构是1773年康涅狄格州的地下监狱,而第一个真正具有现代意义的监狱是1790年在宾夕法尼亚州费城市建立的胡桃街看守所(Walnut Street Jail,也译作沃尔特纳街看守所)。胡桃街看守所的建立标志着美国监狱制度的开始。监禁刑的实施可以说是世界范围内刑罚制度的一场革命。"监禁刑发展至今,已经成为了美国社会控制不可或缺的主要支柱。"③

---

① 参见〔日〕福田坪、〔日〕大塚仁:《日本刑法总论讲义》,李乔等译,辽宁人民出版社1986年版,第206页。

② 〔法〕福柯:《规训与惩罚》,刘北成、杨远婴译,三联书店1999年版,第17页。

③ Garland D, *The Culture of Control: Crime and Social Order in Contemporary Society*, Chicago: University of Chicago Press, 2001: 14.

二、古典主义时期的美国监禁刑

英国监狱学家约翰·霍华德被称为近代监狱之父。霍华德先后考察了英国以及欧洲其他国家的300多所监狱,他亲身体会到旧监狱的黑暗、腐败和残酷。1777年,他写下《英格兰及威尔士的监狱状况》一书,深刻揭露了旧狱制的黑暗,并提出一系列改良主张。在霍华德的努力下,1779年英国国会制定并通过了近代意义上的首部《监狱法》,提出了改良监狱的原则。受欧洲监狱改良运动的影响,几乎在同一时期,美国也开始了监狱制度改革,其标志是宾夕法尼亚州监狱的"独居制"和纽约奥本监狱的"沉默制"。1776年《美国独立宣言》是世界上第一部以成文法的形式确立人权的宪法性文件,它以天赋人权为理论基础,郑重宣布"生命、自由和追求幸福的权利是人不可转让的自然权利,建立政府的目的是为了保障人的这种权利"。这种以权利为本位的价值观直接影响了美国监狱制度的改革。

1830年,忏悔院替代了原有的临时性监狱。忏悔院在建筑学上进行了富有创造性的尝试,使监狱建筑给人以敬畏感。忏悔院实行严格的日常生活管理制度,要求罪犯服从管理,并通过体力劳动、沉默以及隔离来实现监督管理。忏悔院有周密而严厉的制度和纪律,并迫使罪犯遵守和服从。在这些秩序和规范下,忏悔院希望能发挥威慑、惩罚和改造的功能,但实际上它在这些方面做得并不成功。不过值得一提的是,在忏悔院监狱制度的完善中,创造了宾夕法尼亚州的独居制和纽约的沉默制两种代表模式,并确立了监禁刑的法定地位,这不仅在美国甚至在世界范围内均产生了重大影响。

1850年至1880年,美国监狱变得拥挤不堪,对忏悔院持否定态度的人士,纷纷要求进行新的改革,他们在1870年辛辛那提会议(即美国监狱协会成立大会)上提出了对刑事制度进行修改的建议——建立教养院形式的监狱。于是,纽约埃尔米拉教养院于1876年建成,它的设计体现了辛辛那提会议所提倡的监狱形式。埃尔米拉教养院院长布兰克韦指出:美国的教养院监禁体系将成为完全不同于以往的监禁形式。根据布兰克韦的学生佛莱德里克·韦恩的描述,埃尔米拉教养院制度的基本原则有以下几个方面:罪犯是可以改造的,改造既是罪犯的权利,也是州政府的义务;所有罪犯都必须给予个别化处遇,以对其在身体、智力、道德、文化等方面的不足进行完善,并应根据个案的诊断结果有侧重地进行;在罪犯被治愈并离开教养院之前,必须有足够的时间对其进行改造以产生理想的效果。[①] 教养院的标志性特征是分类和分级制度,或称为累进处遇制度。劳动是分类制度中不可分割的内容,教养院对劳动重要性的认识要强于忏悔院。工业体力劳动给教养院提供了不可缺少的改造工具。如果没有这样的改造工具,其改造的效能是难以实现的。埃尔米拉教养院对后世行刑制度产生重大影响的是以分级制为基础的假释制度。教养院所有犯人,根据他们的行为表现,划分为三个等级:第一级最好,第二级次之,第三级最差。新进教养院的罪犯被暂列为第二级,如果罪犯能较好完成教养院规定的工作并遵守监规,连续6个月表现良好便可进入第一级。如果罪犯缺乏自制能力,违反监规或有其他不良行为,将被降入第三级。罪犯在第三级时必须依靠自己的努力才能再次进入第二级乃至第一级。如果在第一级继续保持良好行为,罪犯将会被附条件释放,这就是美国最初的假释制度。假释罪犯在假释6个月内仍处于教养院的司法管辖之下,他必须于每个月第一天向指定监护人(假释官的前身)报告,并就其个人状况和行为作出说明。由于假释是一种有条件的提前释放,因而如果管理委员会发现罪犯实施了新的犯罪或者认定其有潜在的再次犯罪的可能,则该罪犯必须回到教养院。[②] 不定期刑制度的确立和适用是刑罚制度的一项重大改革,其重要意义在于:罪犯实际承担的刑事责任,并不完全取决于法官的判决,而是兼顾罪犯在监狱服刑期间的行为,这就意味着罪犯实际承担刑事责任的多寡并不仅仅根据犯罪行为,而且要考虑罪犯在服刑期间的悔改表现。定期刑判决是基于罪犯的整体特点,是试图通过惩罚的威慑力影响和改变罪犯的思想。不定期判决是基于罪犯的个体特点,法院不确定刑期,而由罪犯通过自己的表现来决定释放他们的时间。[③]

然而,刑罚改革的设计理念与实际达成的最终目标总是存在一定

---

① Howard Abadinsky, *Probation and Parole: Theory and Practice*, New Jersey: Prentice-Hall Inc., 1991: 170.

② 参见柳忠卫:《假释制度比较研究》,中国人民大学2004年论文,第43页。

③ 参见刘强:《美国社区矫正与犯罪刑罚控制的演变史研究——兼对我国的借鉴与反思》,华东政法大学2008年论文,第98—104页。

距离的。况且在古典主义报应论思想占据主导地位的情况下，总的来看当时美国监狱的功能仍然只是侧重于对罪犯的监管与惩治。

三、实证主义时期的美国监禁刑

根据美国传统的监狱管理观念，对罪犯的控制和干预越多则效果越好。但是，后来有人认为这样并不利于犯罪问题的解决。他们提出，应当减少和限制国家权力，扩大罪犯权利，停止死刑这种野蛮的惩罚方式。他们认为，刑事司法进行较少地控制和干预是遏制犯罪的最好方法。这种新思维的产生和新理论的探讨，促进了刑罚改革，促成了一种新的罪犯管理模式——社区管理模式。美国从 19 世纪 40 年代开始缓刑实践，到 20 世纪 20 年代大部分州制定了缓刑法。19 世纪 60 年代美国纽约州首先制定了假释法，到 20 世纪 30 年代，美国监狱有一半犯人是通过假释形式出狱的，可见美国社区矫正制度有了相当程度的发展。虽然缓刑、假释等非监禁刑适用在这一时期还没有占据刑罚主导地位，但从开始尝试到大部分州进行缓刑、假释立法，表明美国刑罚轻缓趋势和刑罚在社区执行已渐成风气。

这种风气是美国第二次世界大战后在民主化背景下形成的罪犯权利运动的成果表现。在美国，20 世纪 60 年代和 70 年代的民权运动是史无前例的，它持续时间更长，参与的人更多，对权力和权力机构更富有挑战性。同时，它对罪犯权利运动也起到了积极的推动作用。美国在监禁刑作为主要刑罚以来，超过一个世纪被认为是完全正当的，理论家们几乎众口一词地阐明其合理性。他们强调在监狱里被关押的经历对于改造囚犯会产生积极的影响，至少从某些层面来看应该如此。监狱被描述为改造囚犯恢复其人性的温室，从而形成了美国刑罚理论中具有代表性的复归主义思想。在罪犯权利运动的冲击下，监禁刑遭到严重质疑，缓刑、假释等非监禁刑被更多适用，美国社区矫正因此达到全盛时期。

四、新古典主义时期的美国监禁刑

目前，美国监狱按管辖范围可分为三种：联邦监狱、州监狱和地方看守所。三者之间各自保持其独立性，无上下隶属关系。此外，还有私营监狱、军事监狱、少年犯监狱等。地方看守所负责关押未决犯、刑期少于 1 年的罪犯以及判决生效后等待被移交的罪犯；州监狱负责关押违反本州法律并由本州法院判处的罪犯；而联邦监狱由隶属于司法部的联邦监狱管理局管理，负责关押因违反联邦法律而由联邦法院判处的罪犯。私营监狱是由私人或私人公司开办的矫正机构，通过与政府矫正机关签订合同来开展罪犯矫正业务，这是 20 世纪 80 年代中期，在囚犯数量上升过快和监禁费用增高的情况下发展起来的，目前已成为美国监狱中一支不可忽视的力量。此外，美国各军种也各自配有军事监狱，如海军监狱、空军监狱、海岸警卫队监狱等，但在押囚犯较少。美国军方还在占领国设立监狱，如传出虐囚丑闻的阿布格莱布监狱，在押囚犯最多时近 5 000 人。①

20 世纪 60 年代，美国社区矫正发展非常迅速，一些犯罪学家甚至断言，监狱完全可以被社区矫正所取代，事实上，美国真的有一些监狱，尤其是少年监狱被关闭。然而，社区矫正很快就面临了严重危机。美国社会学家罗伯特·马丁森（Robert Martinson）一纸报告提出的“矫正无效论”，引发了人们对复归主义模式指导下美国矫正实践的怀疑，而从 60 年代开始的犯罪率激增、再犯罪率居高不下、社会治安状况持续恶化的社会现实似乎更为人们的怀疑提供了“合理而充分”的根据。美国刑罚理论不得不开始向主张惩罚和威慑效应的古典主义转变，并逐渐主导了美国的刑事政策。到了 90 年代中期，形势更加严峻，监狱政策制定者们在偏离复归主义的道路上越走越远，他们几乎形成了全体一致的意见，监禁刑好像仅仅是为了惩罚，是为了让囚犯感到痛苦，唯其如此，刑罚的目的才能实现。“刑罚论的发展史和监禁刑的发展史是一脉相承的。”②刑罚理论的转变必然给美国监禁刑带来现实的影响，美国的惩罚之季因此全面到来。

惩罚之季直接的后果是监狱拥挤，监狱拥挤加剧了罪犯的犯罪行为，加强了罪犯颠覆的价值观念，监狱对罪犯在心理上造成的损害是难以恢复的。尽管这些批评和指责是严厉的，但是监狱的合法性和它的替代方法从来没有受到严重的挑战，监狱的结构基本上没有太大的

---

① 参见张克武：《近距离观察美国监狱》（http://wljy.changde.gov.cn/art/2007/7/10/art_9421_103768.html[2010-12-25]）。

② 廖斌：《监禁刑现代化研究》，中国政法大学 2005 年论文，第 31 页。

变化。直到20世纪60年代,人们发现,被认为是社会秩序维护者和公众保护神的监禁机构所从事的管理活动并不能真正达到监狱管理的目的和效果。美国社会思想家阿尔文·托夫勒(Alvin Toffler)通过对交通工具、生产工艺等方面的考察指出,社会的发展呈加速状态,越到后来,速度越快。在传统社会,由于社会发展速度缓慢,社会成员只需进行一次社会化就可以在社会中生存,即使将他与社会隔离一段时间,对他适应社会、对他生存的影响也不太大。而在现代社会,由于社会发展速度加快,一次性的社会化已不能使社会成员长期适应社会,社会成员需要不断地进行社会化。将一个人隔离于社会,中止该社会成员的社会化,在相当程度上意味着他不能跟上社会的发展。[①] 这项研究不仅揭示出监禁刑手段和目的之间的矛盾,而且显示出监禁刑改革的必然趋势。事实上,美国在囚犯战争中并没有放弃大规模的监禁刑改革探索和实践,只不过是在曲折中努力和发展罢了。

本章小结

1. 本章通过对"囚犯战争"一词来源及含义的说明,明确了本书的核心概念,介绍了美国囚犯战争发生的社会背景

20世纪60年代之后美国犯罪率开始急剧上升,再犯罪率居高不下,社会治安状况持续恶化。约翰逊政府在1965年发动了一场全面打击犯罪的战争,之后的尼克松、里根、布什政府也沿用了约翰逊全面打击犯罪的政策,这就是在全美范围内以控制犯罪为目标的犯罪战争。在犯罪战争进行中,美国毒品问题越来越突出,打击毒品犯罪逐渐成为犯罪战争的主要内容。从犯罪战争到毒品战争,监禁刑被最大限度地使用,美国监狱监禁人数空前增长。1970年,美国联邦监狱和州监狱共有在押囚犯不到20万人,2009年这个数字达到230万人。美国政府不得不大规模地兴建新的监狱,但是监狱仍然供不应求。监狱拥挤,以及由此带来的种种问题更是超乎想象。这就形成了以过度使用监禁刑造成高监禁率为标志、以庞大的监禁人数导致监狱拥挤为特征的囚犯战争。

---

① 参见翟中东:《刑罚个别化研究》,中国人民公安大学出版社2001年版,第255页。

2. 本章通过对美国监禁刑发展的说明,介绍了美国囚犯战争发生的法律背景

第一,美国监禁刑的产生。作为死刑、肉刑和放逐的一种替代刑罚,美国监禁刑产生于200年前,胡桃街看守所的建立标志着美国监狱制度的开始。

第二,古典主义时期的美国监禁刑。受欧洲监狱改良运动的影响,美国也开始了监狱制度改革。1776年《美国独立宣言》是世界上第一部以成文法的形式确立人权的宪法性文件,直接影响了美国监狱制度的改革。1830年,忏悔院替代了原有的临时性监狱。1870年辛辛那提会议提出了对刑事制度进行修改的建议——建立教养院形式的监狱,纽约埃尔米拉教养院于1876年建成。在古典主义报应论思想占据主导地位的情况下,总的来看当时美国监狱的功能更侧重于对罪犯的监管与惩治。

第三,实证主义时期的美国监禁刑。美国从19世纪40年代开始缓刑实践,到20世纪20年代已经促成了一种新的罪犯管理模式——社区管理模式。在罪犯权利运动的冲击下,监禁刑遭到严重质疑,缓刑、假释等非监禁刑被更多采用,美国社区矫正因此达到全盛时期。

第四,新古典主义时期的美国监禁刑。20世纪60年代以后,美国社区矫正发展非常迅速,甚至逐渐发展到被滥用的地步,加上60年代开始的社会治安状况持续恶化,以及马丁森提出的“矫正无效论”,引发了人们对复归主义模式指导下美国矫正实践的怀疑,美国刑罚理论不得不开始向主张惩罚和威慑效应的古典主义转变,并逐渐主导了美国的刑事政策,美国的惩罚之季因此全面到来。惩罚之季直接的后果是监狱拥挤。美国社会思想家托夫勒指出,监禁刑手段和目的之间的矛盾,说明监禁刑改革的必然趋势。事实上,美国在囚犯战争中也没有放弃大规模的监禁刑改革探索和实践,只不过是在曲折中努力和发展罢了。

第二章　美国囚犯战争的现状

美国囚犯战争的现状是触目惊心的,它的每一个数字背后都可能包含着无数个悲惨的故事。通过纵向比较,我们能够清楚地了解它的历史轨迹;通过横向比较,我们可以深刻地认识它的严重程度;通过囚犯结构分析,我们将会发现囚犯战争中隐藏的许多问题。

第一节　纵 向 比 较

一、监禁人口数量比较

自从国家各个矫正机构内部的囚犯战争爆发以来,美国国家监狱的监禁人数和监禁率开始空前增长,不断创造历史新高。1970 年,美国联邦监狱和州监狱共有在押囚犯不到 20 万人,然而,1991 年美国在押囚犯则高达 100 多万人。① 1990 年到 1999 年,全美净增罪犯 74 万人,平均每年增长 5.7%,而联邦罪犯的年增幅则高达 8.8%。② 1992 年,包括看守所监禁人口在内的美国监禁人口是 1 295 150 人;1995 年是 1 585 586 人,比 1992 年增长近 30 万人;1998 年是 1 816 931 人,比 1995 年增长约 23 万人;2001 年是 1 961 247 人,比 1998 年增长约 15 万人;2004 年突破 200 万人,达到 2 135 335 人,比 2001 年增长约 17 万人;2007 年继续增长到 2 298 041 人,比 2004 年增长约 16 万人。③

---

① Irwin J, Austin J, *It's About Time: America's Imprisonment Binge*, 2nd ed., Belmont, CA: Wadsworth, 1997.

② 参见张克武:《近距离观察美国监狱》(http://wljy.changde.gov.cn/art/2007/7/10/art_9421_103768.html[2010-12-25])。

③ 数据整理自 World Prison Brief, King's College London, 参见 http://www.kcl.ac.uk/depsta/law/research/icps/worldbrief/[2010-11-21].

2003 年,美国监狱在押囚犯 2 078 570 人,其中联邦监狱在押囚犯 159 275 人,州监狱在押囚犯 1 221 501 人,看守所在押囚犯 691 301 人;2009 年,美国联邦监狱和州监狱在押囚犯 1 529 780 人,加上看守所在押囚犯 767 620 人,总数达到 2 297 400 人。目前在押囚犯,加上缓刑和假释人员,总数超过 730 万人,比 1980 年增长了 290% 。[①] 这种增长趋势与前 50 年形成鲜明对比,前 50 年国家监狱监禁人数增长与国家人口增长基本同步。1920 年到 1970 年国家人口增长近 1 倍,监狱监禁人数增长 1 倍多。[②] 1920 年到 1970 年,美国监禁率大约每 10 万人监禁 100 人。[③] 尽管这 50 年发生了较多历史事件:经济大萧条、第二次世界大战、朝鲜战争、民权运动和越南战争,但却没有发生监禁率的重大改变。然而,经历半个世纪稳定之后,1970 年,监禁人数开始了坚持不懈、史无前例的爬升,到 2000 年,国家人口增长不到 40% ,而监禁人口增长却超过 500% 。[④] 1926 年至 2005 年美国联邦监狱和州监狱人口数量增长趋势见图 2-1。

二、监狱状况比较

1970 年初,美国囚犯平均居住牢房面积约 60 平方英尺。典型牢房包括一个床铺,一个下水槽,一个厕所,一个置物架或者书桌,另外还有一个带锁的或者开放的空间用来放囚犯的身外之物。然而几年之后开始的大规模监禁很快改变了这种情况,在相同的空间和相似的条件下,往往多了一名囚犯。[⑤]

---

① 数据来源于 Facts about Prisons and Prisoners, The Sentencing Project, 参见 http://prisonpolicy. org/scans/prison_facts. pdf[2010-11-16].

② Garland D, *The Culture of Control: Crime and Social Order in Contemporary Society*, Chicago: University of Chicago Press, 2001.

③ Haney Craig, *Reforming Punishment: Psychological Limits to the Pains of Imprisonment*, Washington DC: American Psychological Association, 2005: 61-64.

④ Garland D, *The Culture of Control: Crime and Social Order in Contemporary Society*, Chicago: University of Chicago Press, 2001.

⑤ Haney Craig, Counting casualties in the war on prisoners, *University of San Francisco Law Review*, 2008 (summer): 87-138, http://www. supermaxed. com/NewSupermax Materials/Haney-Counting-Casualties-War-Prisoners. pdf[2010-07-12].

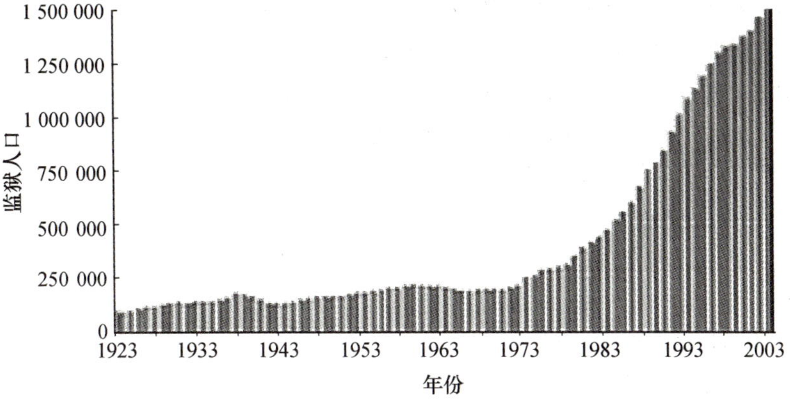

图 2-1①　1926—2005 年美国联邦和州监狱人口数量增长趋势

监禁人数的空前增长，使美国政府不得不大规模兴建新的监狱，仅加利福尼亚州就新建了 21 所监狱。在人口密度最大的三个州，加利福尼亚州、佛罗里达州和纽约州，有超过一半的郡县坐落着至少 1 所监狱。美国各地监狱人满为患，不得不采取吐故纳新政策：不断释放旧犯，以纳新囚。可是很多被释放的囚犯因为没有合法的谋生之道，结果释放 3 年内被再次逮捕的多达 2/3，这又加剧了监狱的拥挤。② 除了地方看守所能基本上满足关押轻刑犯的要求，州监狱和联邦监狱普遍超押。1984 年，联邦监狱 30 所、州监狱 694 所，1990 年分别增至 75 所和 953 所。2000 年，美国监狱总数达到 5 069 所，其中联邦监狱 146 所、州监狱 1 558 所、看守所 3 365 所。监狱数量的增长赶不上囚犯数量的增长，美国司法部报告承认：监狱已经超负荷监禁，估计超员 10% 至 21%。③ 1999 年，联邦监狱超押率达到 132%。混关混押现象严重，分级关押难以落实。④ 据官方统计，2008 年，美国监狱容量是 2 093

① 图 2-1 引自 Incarceration, The Sentencing Project，参见 http://www.sentencingproject.org/template/page.cfm? id = 107[2011-01-15].

② 参见刘力：《美国监狱人口全球第一》，载《天涯》2003 年第 2 期，第 191 页。

③ 参见老任：《监狱超级大国：美国牢房缘何人满为患》(http://world.people.com.cn/GB/14549/7008418.html[2010-11-18])。

④ 参见张克武：《近距离观察美国监狱》(http://wljy.changde.gov.cn/art/2007/7/10/art_9421_103768.html[2010-12-25])。

021 名囚犯，超押率达到 110.1%。美国联邦监狱容量是 122 479 名囚犯，超押率是 162.0%；美国州监狱容量是 1 142 129 名囚犯，超押率达到 115.6%；美国看守所容量是 828 413 名囚犯，负荷率是 94.8%。[①] 可见，除了看守所接近满负荷运转外，美国联邦监狱和州监狱都是超押运转，联邦监狱超押情况更为严重。

相关调查显示：美国监狱牢房人满为患，美国监狱设施不堪重负。《纽约时报》报道，夏威夷一名名叫韦尔的囚犯，12 年来曾被转押到过明尼苏达州、俄克拉荷马州和亚利桑那州 3 个州的监狱。夏威夷 6 000 名囚犯中的 1/3 被关押在外州。不仅面积小的夏威夷是这样，面积大的州有不少也是如此，美国至少有近 10 个州采取将囚犯输出的办法。[②] 根据《纽约时报》报道，截至 2006 年 6 月，加利福尼亚州在押囚犯为全国之首，监狱超员 217%。马萨诸塞州"监狱真实成本"组织负责人路易斯·纳赫仁斯对媒体说："加州监狱有囚犯 17.3 万，其中 1.7 万住在体育馆、学校教室或者其他各类设施里，监狱早已爆满。"[③]

第二节 横向比较

1925 年到 1973 年，美国的监禁率大致保持稳定，每 10 万人有 110 人在押。然而，1992 年美国在押囚犯则高达 100 多万人，监禁人数占人口比例已经名列世界第一。1992 年，每 10 万人有 501 人在押。而前苏联每 10 万人有 487 人在押；种族隔离的南非，每 10 万人有 285 人在押。美国司法部司法统计局 2002 年 8 月 25 日公布的报告称，2001 年年底，美国罪犯（包括缓刑和假释人员）数量比 1980 年增加 4 倍，达到了创纪录的 660 万人，其中，在押囚犯近 200 万人，其比例之高超过

① 数据来源于 World Prison Brief, King's College London, 参见 http://www.kcl.ac.uk/depsta/law/research/icps/worldbrief/[2010-11-21].

② 参见老任：《监狱超级大国：美国牢房缘何人满为患》（http://world.people.com.cn/GB/14549/7008418.html[2010-11-18]）。

③ 同上注。

任何一个国家。[①] 2002 年美国监狱在押囚犯数量与 2001 年相比又有大幅增长，在押囚犯超过 210 万人，占当年世界在押囚犯总数的 1/4 强。美国监狱平均每周要增加 700 名新囚犯。[②] 美国著名调查机构皮尤研究中心（Pew Research Center）发表的一份报告指出：在美国成年人当中，有超过 1% 的人正在监狱服刑。亚当·格尔伯是皮尤中心"公共安全行动项目"的主任，同时也是研究报告的作者之一。格尔伯在报告中强调：美国在押囚犯数量和囚犯占人口比例两方面，都名列世界第一。2005 年年底，美国罪犯（包括缓刑和假释人员）突破 700 万人，每 32 名成年人中就有一人被关押在监狱或处于缓刑、假释中。[③] 2006 年，美国监狱共关押囚犯超过 226 万人，比 2005 年年底增加了 2.8%。据埃菲社 2007 年 12 月 5 日报道：美国司法统计局数据显示，最近 30 年美国囚犯数量增加了 500%。美国人口仅占世界人口的 5%，而囚犯却占世界囚犯总数的 25% 强。2007 年，平均每 10 万美国人中就有 758 名在押囚犯，远远高于其他西方国家。美国司法部 2008 年 12 月 11 日公布：美国现有约 230 万名在押囚犯，占世界第一；到 2007 年年底，全美共有 730 多万成年人被关押在监狱、看守所或处于缓刑或假释中，占美国成年人的3.2%；美国在押囚犯所占人口比例，几乎是世界平均水平（每 10 万人有 125 人在押）的 6 倍。[④] 2009 年，进入看守所关押的囚犯，美国每 10 万人就有 743 人在押，而同一时期每 10 万人中英格兰和威尔士有 154 人在押、加拿大有 117 人在押、意大利有 113 人在押、法国有 96 人在押、德国有 85 人在押、日本有 59 人在押。[⑤] 世界主要国家监禁率及其排名见表 2-1。

---

① 参见王志亮：《美国监狱囚犯的人权状况》，载《法治论丛》2010 年第 2 期，第 130 页。

② 参见张鸿巍：《美国监狱管理的紧束化倾向研究》，载《河北法学》2005 年第 1 期，第 118 页。

③ 参见王志亮：《美国监狱囚犯的人权状况》，载《法治论丛》2010 年第 2 期，第 130 页。

④ 参见国务院新闻办公室：《2008 年美国的人权纪录》，2009 年。

⑤ 数据来源于 World Prison Brief, King's College London，参见 http://www.kcl.ac.uk/depsta/law/research/icps/worldbrief/[2010-11-21].

表 2-1① 世界主要国家监禁率及其排名

排名	国家	每10万人监禁人数(含未决犯监禁人口)(单位:人)	排名	国家	每10万人监禁人数(含未决犯监禁人口)(单位:人)
1	美国	760	102	科威特	130
3	俄罗斯	626	104	澳大利亚	129
4	卢旺达	593	106	缅甸	126
5	古巴	531	114	斯里兰卡	121
9	白俄罗斯	468	115	中国	119
17	哈萨克斯坦	382	117	加拿大	116
26	南非	334	120	希腊	109
31	以色列	326	123	菲律宾	108
33	乌克兰	317	125	越南	107
34	智利	305	130	葡萄牙	104
44	新加坡	267	132	荷兰	100
47	泰国	257	135	韩国	97
48	蒙古	244	136	法国	96
49	阿联酋	238	137	奥地利	95
53	巴西	227	141	比利时	93
55	波兰	224	141	伊拉克	93
57	伊朗	222	144	意大利	92
59	墨西哥	207	145	德国	88
61	捷克	201	147	埃及	85
65	乌拉圭	193	157	爱尔兰	81
66	马来西亚	192	160	柬埔寨	79

① 表 2-1 中数据来源于各国监禁率列表,参见 http://zh. wikipedia. org/wiki/% E5% 90% 84% E5% 9B% BD% E7% 9B% 91% E7% A6% 81% E7% 8E% 87% E5% 88% 97% E8% A1% A8[2010-10-12].

（续表）

排名	国家	每 10 万人监禁人数（含未决犯监禁人口）(单位:人)	排名	国家	每 10 万人监禁人数（含未决犯监禁人口）(单位:人)
68	新西兰	185	163	瑞士	76
69	沙特阿拉伯	178	164	瑞典	74
71	牙买加	174	167	挪威	69
76	西班牙	162	176	芬兰	64
84	阿根廷	154	177	丹麦	63
88	英格兰和威尔士	152	177	日本	63
90	秘鲁	150	183	印度尼西亚	58
92	匈牙利	149	194	冰岛	44
97	土耳其	142	201	印度	33

如表 2-1 所示,美国以每 10 万人中监禁 760 人而高居榜首,与排名在 201 的印度每 10 万人中的监禁人数相差 727 人。俄罗斯、白俄罗斯、哈萨克斯坦、南非也是世界上高监禁率国家,每 10 万人中监禁人数分别是 626 人、468 人、382 人、334 人,分别比美国少 134 人、292 人、378 人和 426 人。但这些国家在过去几十年里都经历过政治结构和经济基础的巨大变化,而美国却没有。另外,世界其他发达国家,如法国、德国、日本等,监禁率普遍远低于美国。为了有说服力地展现美国囚犯战争的严重程度,本书拟从两个角度进行比较,分别是美国与世界其他高监禁率国家的比较和美国与世界其他发达国家的比较。这两个角度的比较将从八个方面展开,即监禁人口数量、近年监禁人口数量变化趋势、待审监禁人口、女性监禁人口、未成年人监禁人口、外国人监禁人口、监狱数量、监狱负荷率。

一、监禁人口数量比较

（一）美国与部分高监禁率国家比较

表 2-2① 美国与部分高监禁率国家监禁人口数量比较

国家	监禁人口数量（含未决犯监禁人口）（单位：人）	国家人口数量（单位：百万人）	每 10 万人监禁人数（含未决犯监禁人口）（单位：人）
美国（2009 年 12 月 31 日）	2 292 133	308.4	743
俄罗斯（2011 年 1 月 1 日）	819 200	141.93	577
白俄罗斯（2009 年 6 月 1 日）	36 533	9.5	385
哈萨克斯坦（2010 年 2 月 1 日）	62 997	15.76	400
南非（2010 年 10 月 31 日）	160 026	50.2	319

美国、俄罗斯、白俄罗斯、哈萨克斯坦、南非在世界上都是高监禁率国家。俄罗斯、白俄罗斯和哈萨克斯坦都是经历了政治巨变，从苏联中分裂出来的国家，南非则经历着种族分裂，美国却没有这些情况。然而，如表 2-2 所示，美国却以绝对优势超过前述国家，达到监禁率最高。美国人口大约是俄罗斯的两倍，监禁人口却是俄罗斯的近 3 倍；南非人口是美国的 1/6 左右，然而监禁人口却是美国的大约 1/14。

① 表 2-2 中的数据整理自 World Prison Brief, King's College London，参见 http://www.kcl.ac.uk/depsta/law/research/icps/worldbrief/[2010-11-21].

（二）美国与部分发达国家比较

表 2-3① 美国与部分发达国家监禁人口数量比较

国家	监禁人口数量（含未决犯监禁人口）（单位：人）	国家人口数量（单位：百万人）	每 10 万人监禁人数（含未决犯监禁人口）（单位：人）
美国（2009 年 12 月 31 日）	2 292 133	308.4	743
英格兰和威尔士（2011 年 2 月 25 日）	85 206	55.4	154
加拿大	39 132（2009 年 3 月 31 日）	33.4（2008 年 9 月 30 日）	117（2008 年 9 月 30 日）
意大利（2010 年 10 月 31 日）	68 795	60.69	113
法国（2008 年 7 月 1 日）	59 655	62.1	96
德国（2010 年 11 月 30 日）	69 385	81.62	85
日本（2009 年 12 月 31 日）	75 250	127.5	59

美国、英国、加拿大、意大利、法国、德国、日本都是经济发达国家，然而，在监禁率上，美国和这些国家却相差悬殊。这些国家每 10 万人的监禁率均在 100 人左右，最高的英格兰和威尔士是 154 人，最低的日本只有 59 人，分别比美国少 589 人和 684 人。日本的监禁率只是美国的一个零头。

① 表 2-3 中的数据整理自 World Prison Brief, King's College London，参见 http://www.kcl.ac.uk/depsta/law/research/icps/worldbrief/[2010-11-21].

二、近年监禁人口数量变化趋势比较

（一）美国与部分高监禁率国家比较

1. 美国

表 2-4① 美国近年监禁人口数量变化趋势

年份	监禁人口数量（含未决犯监禁人口）（单位：人）	每 10 万人监禁人数（含未决犯监禁人口）（单位：人）
1992 年	1 295 150	501
1995 年	1 585 586	592
1998 年	1 816 931	655
2001 年	1 961 247	685
2004 年	2 135 335	725
2007 年	2 298 041	758

2. 俄罗斯

表 2-5② 俄罗斯近年监禁人口数量变化趋势

年份	监禁人口数量（含未决犯监禁人口）（单位：人）	每 10 万人监禁人数（含未决犯监禁人口）（单位：人）
1992 年	722 636	487
1995 年	920 685	622
1998 年	1 009 863	688
2001 年	925 072	636
2004 年	847 004	588
2007 年	871 609	613

---

① 表 2-4 中的数据整理自 World Prison Brief, King's College London，参见 http://www.kcl.ac.uk/depsta/law/research/icps/worldbrief/[2010-11-21].

② 表 2-5 中的数据整理自 World Prison Brief, King's College London，参见 http://www.kcl.ac.uk/depsta/law/research/icps/worldbrief/[2010-11-21].

3. 白俄罗斯

表 2-6①　白俄罗斯近年监禁人口数量变化趋势

年份	监禁人口数量（含未决犯监禁人口）（单位：人）	每 10 万人监禁人数（含未决犯监禁人口）（单位：人）
1992 年	33 641	327
1995 年	54 869	535
1998 年	63 157	620
2001 年	55 156	554
2004 年	42 806	437
2006 年	45 416	468

4. 哈萨克斯坦

表 2-7②　哈萨克斯坦近年监禁人口数量变化趋势

年份	监禁人口数量（含未决犯监禁人口）（单位：人）	每 10 万人监禁人数（含未决犯监禁人口）（单位：人）
1992 年	58 519	358
1995 年	85 448	534
1998 年	84 657	548
2001 年	88 421	590
2004 年	58 300	386
2007 年	51 538	336

---

① 表 2-6 中的数据整理自 World Prison Brief, King's College London, 参见 http://www.kcl.ac.uk/depsta/law/research/icps/worldbrief/[2010-11-21].

② 表 2-7 中的数据整理自 World Prison Brief, King's College London, 参见 http://www.kcl.ac.uk/depsta/law/research/icps/worldbrief/[2010-11-21].

5. 南非

表 2-8① 南非近年监禁人口数量变化趋势

年份	监禁人口数量（含未决犯监禁人口）（单位:人）	每 10 万人监禁人数（含未决犯监禁人口）（单位:人）
1992 年	104 790	285
1995 年	118 205	301
1998 年	146 435	349
2001 年	170 959	386
2004 年	187 640	403
2007 年	161 639	339

美国监禁人口从 1992 年的 1 295 150 人增长到 2007 年的 2 298 041 人,增长近 1 倍,增长人数高达约 100 万人。俄罗斯监禁人口从 1992 年的 722 636 人增长到 2007 年的 871 609 人,只增长了约 15 万人。白俄罗斯、南非监禁人口从 1992 年到 2007 年分别增长约 1.2 万人、6 万人,哈萨克斯坦监禁人口减少了约 7 000 人。以上是监禁人口的变化情况,以下是监禁率的变化情况。美国每 10 万人监禁人口从 1992 年的 501 人增长到 2007 年的 758 人,增长 257 人。而其他高监禁率国家中,增长较多的俄罗斯、白俄罗斯,每 10 万人监禁人口分别增长 126 人和 141 人,增长较少的南非仅仅增长了 54 人,哈萨克斯坦甚至减少了 22 人。可见,与世界上其他高监禁率国家相比,美国监禁人口增长明显要快。另外,仔细观察表 2-4 至表 2-8,我们可以发现从 1992 年到 2007 年,俄罗斯等世界其他高监禁率国家都有监禁人口增长与下降两种趋势,只有美国从 1992 年到 2007 年保持持续增长趋势。

① 表 2-8 中的数据整理自 World Prison Brief, King's College London,参见 http://www.kcl.ac.uk/depsta/law/research/icps/worldbrief/[2010-11-21].

（二）美国与部分发达国家比较

1. 美国

表 2-9①　美国近年监禁人口数量变化趋势

年份	监禁人口数量（含未决犯监禁人口）（单位:人）	每 10 万人监禁人数（含未决犯监禁人口）（单位:人）
1992 年	1 295 150	501
1995 年	1 585 586	592
1998 年	1 816 931	655
2001 年	1 961 247	685
2004 年	2 135 335	725
2007 年	2 298 041	758

2. 英格兰和威尔士

表 2-10②　英格兰和威尔士近年监禁人口数量变化趋势

年份	监禁人口数量（含未决犯监禁人口）（单位:人）	每 10 万人监禁人数（含未决犯监禁人口）（单位:人）
1992 年	45 817	90
1995 年	51 047	100
1998 年	65 298	126
2001 年	66 301	127
2004 年	74 657	141
2007 年	80 395	149

① 表 2-9 中的数据整理自 World Prison Brief, King's College London, 参见 http://www.kcl.ac.uk/depsta/law/research/icps/worldbrief/[2010-11-21].

② 表 2-10 中的数据整理自 World Prison Brief, King's College London, 参见 http://www.kcl.ac.uk/depsta/law/research/icps/worldbrief/[2010-11-21].

3. 加拿大

表 2-11① 加拿大近年监禁人口数量变化趋势

年份	监禁人口数量 （含未决犯监禁人口） （单位：人）	每 10 万人监禁人数 （含未决犯监禁人口） （单位：人）
1991—1992 年	35 235	123
1994—1995 年	38 516	131
1997—1998 年	37 401	126
2000—2001 年	35 533	117
2003—2004 年	34 154	108
2006—2007 年	37 326	114

4. 意大利

表 2-12② 意大利近年监禁人口数量变化趋势

年份	监禁人口数量 （含未决犯监禁人口） （单位：人）	每 10 万人监禁人数 （含未决犯监禁人口） （单位：人）
1992 年	46 152	81
1995 年	49 642	87
1998 年	49 050	85
2001 年	55 136	95
2004 年	56 090	96
2007 年	45 612	77

① 表 2-11 中的数据整理自 World Prison Brief, King's College London，参见 http://www.kcl.ac.uk/depsta/law/research/icps/worldbrief/[2010-11-21].

② 表 2-12 中的数据整理自 World Prison Brief, King's College London，参见 http://www.kcl.ac.uk/depsta/law/research/icps/worldbrief/[2010-11-21].

5. 法国

表 2-13① 法国近年监禁人口数量变化趋势

年份	监禁人口数量（含未决犯监禁人口）（单位：人）	每 10 万人监禁人数（含未决犯监禁人口）（单位：人）
1992 年	48 113	84
1995 年	51 623	89
1998 年	50 744	86
2001 年	44 618	75
2004 年	55 355	92

6. 德国

表 2-14② 德国近年监禁人口数量变化趋势

年份	监禁人口数量（含未决犯监禁人口）（单位：人）	每 10 万人监禁人数（含未决犯监禁人口）（单位：人）
1992 年	57 448	71
1995 年	66 146	81
1998 年	78 592	96
2001 年	80 333	98
2004 年	81 166	98
2007 年	75 719	92

① 表 2-13 中的数据整理自 World Prison Brief, King's College London，参见 http://www.kcl.ac.uk/depsta/law/research/icps/worldbrief/[2010-11-21].

② 表 2-14 中的数据整理自 World Prison Brief, King's College London，参见 http://www.kcl.ac.uk/depsta/law/research/icps/worldbrief/[2010-11-21].

7. 日本

表 2-15① 日本近年监禁人口数量变化趋势

年份	监禁人口数量 （含未决犯监禁人口） （单位：人）	每 10 万人监禁人数 （含未决犯监禁人口） （单位：人）
1992 年	45 082	36
1995 年	47 398	38
1998 年	52 713	42
2001 年	65 508	51
2004 年	76 413	60
2007 年	79 809	62

从 1992 年到 2007 年，英国、加拿大、意大利、法国、德国、日本六个国家中有四个国家每 10 万人中的监禁人口有所增长，它们是英国、法国、德国、日本，分别上升 59 人、8 人、21 人、26 人；有两个国家每 10 万人中的监禁人口有所下降，它们是加拿大和意大利，分别下降 9 人和 4 人。同样是发达国家的美国同一时期每 10 万人口中的监禁人口却增长了 257 人。除了英国、日本外，从 1992 年到 2007 年，其他国家监禁人口数量都是有增长有下降，只有美国从 1992 年 1 295 150 人，到 1995 年 1 585 586 人，到 1998 年 1 816 931 人，到 2001 年 1 961 247 人，到 2004 年 2 135 335 人，到 2007 年 2 298 041 人，一直保持大踏步的上升趋势。

① 表 2-15 中的数据整理自 World Prison Brief，King's College London，参见 http://www.kcl.ac.uk/depsta/law/research/icps/worldbrief/[2010-11-21].

三、未决犯监禁人口比较

（一）美国与部分高监禁率国家比较

表 2-16①　美国与部分高监禁率国家未决犯监禁人口比较

国家	未决犯监禁人口数量占监禁人口总数比例
美国	20.8%（2009 年 6 月 30 日）
俄罗斯	15.6%（2007 年 1 月 1 日）
白俄罗斯	17.7%（2006 年 12 月 31 日）
哈萨克斯坦	12.5%（2010 年 2 月 1 日）
南非	29.0%（2010 年 10 月 31 日）

（二）美国与部分发达国家比较

表 2-17②　美国与部分发达国家未决犯监禁人口比较

国家	未决犯监禁人口数量占监禁人口总数比例
美国	20.8%（2009 年 6 月 30 日）
英格兰和威尔士	14.9%（2010 年 9 月 30 日）
加拿大	36.2%（2008 年 3 月 31 日）
意大利	43.6%（2010 年 10 月 31 日）
法国	27.7%（2007 年 9 月 1 日）
德国	15.5%（2010 年 11 月 30 日）
日本	10.6%（2009 年 6 月）

美国未决犯监禁人口占监禁人口的比例无论是在高监禁率国家还是在发达国家都处于中间水平。在与其他高监禁率国家的比较中，美国 20.8% 的未决犯监禁人口比例比最高的南非低约 8%，比最低的哈萨克斯坦高约 8%。在与其他发达国家的比较中，美国的未决犯监

① 表 2-16 中的数据整理自 World Prison Brief, King's College London，参见 http://www.kcl.ac.uk/depsta/law/research/icps/worldbrief/[2010-11-21].

② 表 2-17 中的数据整理自 World Prison Brief, King's College London，参见 http://www.kcl.ac.uk/depsta/law/research/icps/worldbrief/[2010-11-21].

禁人口比例比最高的意大利低 22.8%，比最低的日本高 10.2%。美国未决犯监禁人口比例在与其比较的两类国家中都处于中间水平，这说明美国监禁人口的增长是一个总体的增长，是已定罪监禁人口和未决犯监禁人口共同增长所导致，而不是单纯由未决犯监禁人口增长所导致的。

四、女性监禁人口比较

（一）美国与部分高监禁率国家比较

表 2-18①　美国与部分高监禁率国家女性监禁人口比较

国家	女性监禁人口数量占监禁人口总数比例
美国	8.8%（2009 年 6 月 30 日）
俄罗斯	8.1%（2011 年 1 月 1 日）
白俄罗斯	7.6%（2006 年 12 月 31 日）
哈萨克斯坦	6.7%（2010 年 2 月 1 日）
南非	2.2%（2010 年 10 月 31 日）

（二）美国与部分发达国家比较

表 2-19②　美国与部分发达国家女性监禁人口比较

国家	女性监禁人口数量占监禁人口总数比例
美国	8.8%（2009 年 6 月 30 日）
英格兰和威尔士	5.0%（2011 年 2 月 25 日）
加拿大	5.0%（2004 年 3 月 31 日）
意大利	4.4%（2010 年 10 月 31 日）
法国	3.7%（2007 年 9 月 1 日）
德国	5.4%（2010 年 11 月 30 日）
日本	6.9%（2009 年 12 月 31 日）

---

① 表 2-18 中的数据整理自 World Prison Brief, King's College London，参见 http://www.kcl.ac.uk/depsta/law/research/icps/worldbrief/[2010-11-21].

② 表 2-19 中的数据整理自 World Prison Brief, King's College London，参见 http://www.kcl.ac.uk/depsta/law/research/icps/worldbrief/[2010-11-21].

无论与其他高监禁率国家比较还是与其他发达国家比较，女性监禁人口占监禁人口的比例，美国都是最高的。与其他高监禁率国家相比，美国女性监禁人口比例比最低的南非高6.6%，比最高的俄罗斯高0.7%。由于在“二战”中男性人口死亡过多，俄罗斯曾经是男女人口严重失衡的国家，据统计，直到目前俄罗斯的女性人口仍比男性大约多出1 000万人，其男女人口比约为100:112。美国女性人口比男性大约多出500万人，其男女人口比为100:104。可见，虽然俄罗斯女性人口比例比美国明显偏高，但是在女性监禁人口比例上，俄罗斯却不及美国。

与其他发达国家比较，美国女性监禁人口比例分别比日本、德国、英国、加拿大、意大利、法国高1.9%、3.4%、3.8%、3.8%、4.4%和5.1%。英国男女人口比和美国一样是100:104，德国男女人口比是100:105，女性比例比美国略高。尽管如此，英国和德国的女性监禁人口比例却远不及美国。

通过两类比较可以发现，美国女性监禁人口比例比其他国家偏高。这说明女性犯罪偏高对美国囚犯战争的形成具有一定影响。有关资料显示，美国的女性犯罪中大部分是毒品犯罪或者与毒品相关的犯罪，这不能不说是美国毒品战争政策的结果。

五、未成年人监禁人口比较

（一）美国与部分高监禁率国家比较

表2-20①　美国与部分高监禁率国家未成年人监禁人口比较

国家	未成年人监禁人口数量占监禁人口总数比例
美国	0.4%（2009年6月30日）
俄罗斯	0.9%（2010年1月1日）
白俄罗斯	1.2%（2006年12月31日）
哈萨克斯坦	0.9%（2010年2月1日）
南非	0.6%（2010年10月31日）

① 表2-20中的数据整理自World Prison Brief, King's College London，参见http://www.kcl.ac.uk/depsta/law/research/icps/worldbrief/[2010-11-21].

（二）美国与部分发达国家比较

表 2-21①　美国与部分发达国家未成年人监禁人口比较

国家	未成年人监禁人口数量占监禁人口总数比例
美国	0.4%（2009 年 6 月 30 日）
英格兰和威尔士	1.9%（2010 年 9 月 30 日）
加拿大	4.9%（2009 年 3 月 31 日）
意大利	0.5%（2008 年 12 月 31 日）
法国	1.1%（2007 年 9 月 1 日）
德国	3.5%（2010 年 11 月 30 日）
日本	4.7%（2009 年 12 月 31 日）

与部分高监禁率国家比较，美国未成年人监禁人口占监禁人口的比例最低，只有 0.4%，比白俄罗斯、俄罗斯、哈萨克斯坦、南非分别低 0.8%、0.5%、0.5% 和 0.2%。与部分发达国家的比较中，美国未成年人监禁人口占监禁人口的比例也是最低，较比例偏高的加拿大、日本和德国分别低 4.5%、4.3% 和 3.1%。其中比例最高的加拿大，其未成年人监禁人口占监禁人口的比例竟然是美国的 12 倍以上。我们知道，未成年人监禁人口比例体现了一个国家对于未成年人犯罪的态度。事实上，美国未成年人的犯罪率并没有明显比其他国家低，但无论是在高监禁率国家中还是在发达国家中，美国未成年人监禁人口比例都是最低的，这除了说明，在整体上，美国对未成年人的保护和宽容，还说明未成年人犯罪与囚犯战争的形成关系不大。

① 表 2-21 中的数据整理自 World Prison Brief，King's College London，参见 http://www.kcl.ac.uk/depsta/law/research/icps/worldbrief/[2010-11-21].

六、外国人监禁人口比较

（一）美国与部分高监禁率国家比较

表 2-22①　美国与部分高监禁率国家外国人监禁人口比较

国家	外国人监禁人口数量占监禁人口总数比例
美国	5.9%（2007 年 6 月 30 日）
俄罗斯	2.8%（2007 年 1 月 1 日）
白俄罗斯	2.9%（2006 年 12 月 31 日）
哈萨克斯坦	4.0%（2010 年 2 月 1 日）
南非	5.3%（2010 年 8 月）

（二）美国与部分发达国家比较

表 2-23②　美国与部分发达国家外国人监禁人口比较

国家	外国人监禁人口数量占监禁人口总数比例
美国	5.9%（2007 年 6 月 30 日）
英格兰和威尔士	12.9%（2010 年 9 月 30 日）
意大利	36.9%（2010 年 10 月 31 日）
法国	19.2%（2007 年 7 月 1 日）
德国	26.3%（2008 年 3 月 31 日）
日本	7.0%（2009 年 6 月）

众所周知，美国是外来人口大国，约有使用 170 种不同语言的人口相融于美国。据意大利国家统计局（ISTAT）公布的数据显示，截至 2009 年年末，意大利外国人数量达到 423.5 万人，占其总人口的 7%。目前，德国有 730 多万外籍人口，约占德国总人口的 8.9%；截至 2007 年年底，在日本外国人总数约 215 万人，占日本总人口的 1.7%。意大

① 表 2-22 中的数据整理自 World Prison Brief，King's College London，参见 http://www.kcl.ac.uk/depsta/law/research/icps/worldbrief/[2010-11-21].

② 表 2-23 中的数据整理自 World Prison Brief，King's College London，参见 http://www.kcl.ac.uk/depsta/law/research/icps/worldbrief/[2010-11-21].

利、德国和日本的外国人所占国家人口比例都不及美国，但是外国人监禁人口占国家监禁人口的比例却都比5.9%的美国高，分别是36.9%、26.3%和7.0%。再来看与世界其他高监禁率国家的比较，俄罗斯、白俄罗斯、哈萨克斯坦不同于移民国家，外来人口很少，然而，其外国人监禁人口占国家监禁人口的比例却并没有比美国少很多。综上，通过两个方面的比较可知，美国外国人监禁人口占监禁人口比例较低，美国囚犯战争这种高监禁率的国家监狱状况与在美国的外国人犯罪关系不大。

七、监狱数量比较

（一）美国与部分高监禁率国家比较

表2-24①　美国与部分高监禁率国家监狱数量及拥有率比较

国家	监狱数量（单位：个）	国家人口数量（单位：百万人）	每10万人拥有监狱数量（单位：个）
美国	5 069（2000年）	308.4	1.64
俄罗斯	1 052（2010年）	141.93	0.74
白俄罗斯	32（2006年）	9.5	0.34
哈萨克斯坦	93（2010年）	15.76	0.59
南非	239（2010年）	50.2	0.48

（二）美国与部分发达国家比较

与任何国家比较，美国监狱数量和监狱拥有率均列第一。首先看美国与其他高监禁率国家的比较，俄罗斯监狱数量相对较多，其人口大约是美国人口的1/2，监狱数量大约是美国的1/5；白俄罗斯监狱数量相对较少，其人口大约是美国的1/30，监狱数量大约是美国的1/160。再来看与其他发达国家的比较，美国人口大约是意大利的5倍，监狱数量是意大利的20倍以上；美国人口大约是日本的2倍，监狱数量是日本的25倍以上。

① 表2-24中的数据整理自World Prison Brief, King's College London，参见http://www.kcl.ac.uk/depsta/law/research/icps/worldbrief/[2010-11-21].

表 2-25①　美国与部分发达国家监狱数量及拥有率比较

国家	监狱数量（单位：个）	国家人口数量（单位：百万人）	每 10 万人拥有监狱数量（单位：个）
美国	5 069（2000 年）	308.4	1.64
英格兰和威尔士	140（2010 年）	55.4	0.25
加拿大	172（2005 年）	33.4	0.51
意大利	225（2010 年）	60.69	0.37
法国	185（2002 年）	62.1	0.30
德国	185（2010 年）	81.62	0.23
日本	187（2008 年）	127.5	0.15

八、监狱负荷率比较

（一）美国与部分高监禁率国家比较

表 2-26②　美国与部分高监禁率国家监狱负荷率比较

国家	监禁容量（单位：人）	监禁负荷率	每 10 万人拥有监狱数量（单位：个）
美国（2008 年 12 月 31 日）	2 093 021	110.1%	1.64
俄罗斯（2007 年 1 月 1 日）	955 421	91.6%	0.74
白俄罗斯（2006 年 12 月 31 日）	42 570	106.7%	0.34
哈萨克斯坦（2010 年 2 月 1 日）	62 450	100.9%	0.59
南非（2010 年 10 月 31 日）	118 154	135.4%	0.48

① 表 2-25 中的数据整理自 World Prison Brief, King's College London，参见 http://www.kcl.ac.uk/depsta/law/research/icps/worldbrief/[2010-11-21].

② 表 2-26 中的数据整理自 World Prison Brief, King's College London，参见 http://www.kcl.ac.uk/depsta/law/research/icps/worldbrief/[2010-11-21].

(二) 美国与部分发达国家比较

表 2-27① 美国与部分发达国家监狱负荷率比较

国家	监禁容量（单位:人）	监禁负荷率	每 10 万人拥有监狱数量（单位:个）
美国（2008 年 12 月 31 日）	2 093 021	110.1%	1.64
英格兰和威尔士（2010 年 12 月 31 日）	77 466	107.2%	0.25
加拿大（2005 年 3 月 31 日）	35 190	91.3%	0.51
意大利（2010 年 10 月 31 日）	44 962	153.0%	0.37
法国（2007 年 9 月 1 日）	47 672	118.1%	0.30
德国（2010 年 11 月 30 日）	77 944	89.0%	0.23
日本（2008 年 12 月 31 日）	87 754	87.6%	0.15

美国与部分高监禁率国家比较，除南非外，美国的监狱负荷率最高，但是美国的监狱人均拥有量是南非的 3 倍以上，如果南非能有和美国一样的监狱人均拥有量，那么南非的监狱负荷率将只有大约 40%。美国与部分发达国家比较，意大利和法国的监狱负荷率分别是 153.0% 和 118.1%，都比美国高。然而，这两个国家的监狱人均拥有量却远低于美国，分别只相当于美国的大约 1/4 和 1/5。如果按照美国的监狱人均拥有量来计算，意大利和法国的监狱负荷率将分别只有大约 35% 和 22%。从表 2-27 来看，日本的监狱负荷率最低，只有 87.6%。那么，如果按照美国的监狱人均拥有量来计算，日本的监狱负荷率将大约仅为 8%。可见，美国监狱负荷率不是最高的根本原因

① 表 2-27 中的数据整理自 World Prison Brief, King's College London，参见 http://www.kcl.ac.uk/depsta/law/research/icps/worldbrief/[2010-11-21].

在于美国监狱太多，如果以美国的监狱人均拥有量作为基数计算，那么世界上将只剩下美国监狱是超负荷的。

综上，通过横向的八个方面的比较我们得出以下结论：

第一，美国监禁人口数量世界第一。

第二，美国监禁人口占国家人口的比例世界第一。

第三，1992年至2007年美国监禁人口呈持续增长趋势，增长速度世界第一。

第四，美国待审监禁人口和已定罪量刑监禁人口呈同步增长趋势。

第五，美国女性监禁人口占监禁人口比例偏高。

第六，美国未成年人监禁人口占监禁人口比例较低。

第七，美国外国人监禁人口占监禁人口比例较低。

第八，美国监狱数量和监狱人均拥有量世界第一。

第九，如果以美国的监狱人均拥有量作为基数计算，世界上将只有美国监狱呈超负荷运作状态。

除美国以外的世界上高监禁率国家，在过去几十年里都曾经历过政治结构和经济基础的巨大变化，而美国并没有发生过类似的情况，为什么它们会同样发生高监禁率的现象呢，这是我们必须认真思考的。欧洲各国经济效益远不及美国，但监禁率却远低于美国，这不能不令人深思“美国模式”的社会代价。

第三节　囚犯结构

一、囚犯在监禁机构中的分布

从全美范围来看，1990年，美国看守所监禁人员有51%是还未定罪和等待审判的，2009年的数据是62.2%。据联邦调查局公布的数据显示，2003年美国执法人员共拘留或逮捕了1 360万人次，比上年增加0.2%。[①] 美国、各州及哥伦比亚特区监狱和看守所监禁人口数

① 参见张克武：《近距离观察美国监狱》(http://wljy.changde.gov.cn/art/2007/7/10/art_9421_103768.html[2010-12-25])。

量情况见表2-28。

表2-28① 美国、各州及哥伦比亚特区监狱和看守所监禁人口数量

	2009年监狱和看守所监禁人口数量（单位：人）	2009年监狱监禁人口数量（单位：人）	2009年每10万人监狱监禁人数（单位：人）	2005年看守所监禁人口数量（单位：人）	2005年每10万人看守所监禁人数（单位：人）
美国	2 297 400	1 529 780	502	767 620	250
华盛顿州	30 892	18 199	271	12 693	202
俄勒冈州	20 914	14 365	373	6 549	180
加利福尼亚州	252 269	170 131	458	82 138	227
内华达州	19 592	12 482	470	7 110	294
爱达荷州	11 187	7 400	476	3 787	265
犹他州	13 258	6 519	232	6 739	273
亚利桑那州	54 008	38 529	580	15 479	261
新墨西哥州	14 905	6 391	316	8 514	442
科罗拉多州	36 433	22 795	450	13 638	292
怀俄明州	3 626	2 075	377	1 551	305
蒙大拿州	5 870	3 605	368	2 265	242
北达科他州	2 430	1 486	228	944	148
南达科他州	4 862	3 430	420	1 432	185
内布拉斯加州	7 490	4 392	243	3 098	176
堪萨斯州	15 545	8 641	305	6 904	252
俄克拉荷马州	33 981	24 396	657	9 585	270
得克萨斯州	228 720	162 186	648	66 534	291
路易斯安那州	71 647	39 780	881	31 867	704
阿肯色州	21 269	15 144	522	6 125	220
密苏里州	41 015	30 554	509	10 461	180
爱荷华州	12 450	8 813	292	3 637	123

① 表2-28中的数据整理自 Interactive Map, The Sentencing Project, 参见 http://www.sentencingproject.org/map/map.cfm[2010-12-12].

（续表）

	2009 年监狱和看守所监禁人口数量（单位：人）	2009 年监狱监禁人口数量（单位：人）	2009 年每 10 万人监狱监禁人数（单位：人）	2005 年看守所监禁人口数量（单位：人）	2005 年每 10 万人看守所监禁人数（单位：人）
明尼苏达州	17 009	9 986	189	7 023	137
威斯康星州	35 221	20 917	369	14 304	258
伊利诺伊州	65 227	45 161	349	20 066	157
印第安纳州	46 355	28 788	447	17 567	280
俄亥俄州	71 459	51 606	446	19 853	173
密歇根州	63 596	45 478	457	18 118	179
缅因州	3 525	1 980	150	1 545	117
新罕布什尔州	4 459	2 731	206	1 728	132
佛蒙特州	N/A	1 724	277	N/A	N/A
马萨诸塞州	22 689	10 070	213	12 619	197
罗德岛州	N/A	2 220	211	N/A	N/A
康涅狄格州	N/A	13 466	382	N/A	N/A
新泽西州	43 003	25 382	291	17 621	202
特拉华州	N/A	3 971	447	N/A	N/A
马里兰州	34 254	21 868	382	12 386	221
哥伦比亚特区	N/A	N/A	N/A	3 552	645
纽约州	87 990	58 455	298	29 535	153
宾夕法尼亚州	85 771	51 316	406	34 455	277
西弗吉尼亚州	10 390	6 313	346	4 077	224
弗吉尼亚州	64 483	38 059	480	26 424	349
肯塔基州	37 433	20 672	478	16 761	402
田纳西州	51 198	26 965	426	24 233	406
北卡罗来纳州	52 034	34 863	369	17 171	198
南卡罗来纳州	35 712	23 486	512	12 226	287
佐治亚州	96 977	52 012	526	44 965	496
阿拉巴马州	45 866	30 723	650	15 143	332

（续表）

	2009 年监狱和看守所监禁人口数量（单位：人）	2009 年监狱监禁人口数量（单位：人）	2009 年每 10 万人监狱监禁人数（单位：人）	2005 年看守所监禁人口数量（单位：人）	2005 年每 10 万人看守所监禁人数（单位：人）
密西西比州	32 190	20 768	702	11 422	391
佛罗里达州	167 535	103 915	559	63 620	358
夏威夷州	N/A	4 119	317	N/A	N/A
阿拉斯加州	2 573	2 508	357	65	N/A

美国监狱监禁人口包括两部分，分别是联邦监狱监禁人口和州监狱监禁人口；美国看守所监禁人口包括三部分，分别是未决犯、刑期少于 1 年的罪犯以及判决生效后等待被移交的罪犯。从表 2-28 可以看出，美国监狱监禁人数与美国看守所监禁人数之比大约是 2∶1，美国大部分州的监狱监禁人数和看守所监禁人数之比也是 2∶1。但是，也有部分州的监狱监禁人数和看守所监禁人数之比小于 2∶1，甚至有个别州监狱监禁人数比看守所监禁人数少，比如犹他州、新墨西哥州、马萨诸塞州。犹他州监狱监禁人数是 6 519 人，看守所监禁人数是 6 739 人；新墨西哥州监狱监禁人数是 6 391 人，看守所监禁人数是 8 514 人；马萨诸塞州监狱监禁人数是 10 070 人，看守所监禁人数是 12 619 人。

从监狱和看守所监禁人口总数来看，超过 10 万人的州有 3 个，分别是加利福尼亚州 252 269 人、得克萨斯州 228 720 人、佛罗里达州 167 535 人；从监狱或者看守所分别监禁人口数量来看，监禁人数最多的也是上述 3 个州，监狱监禁人口数量分别是加利福尼亚 170 131 人、得克萨斯州 162 186 人、佛罗里达州 103 915 人；看守所监禁人口数量分别是加利福尼亚州 82 138 人、得克萨斯州 66 534 人、佛罗里达州 63 620 人。可见，从各种监禁机构的监禁数量上看，加利福尼亚州、得克萨斯州和佛罗里达州名列前茅。然而，在比较监禁人口数量的同时也不能忽视人口基数的作用。如果从每 10 万人口中监狱或者看守所监禁人口数量来看，这 3 个州都不是数值最高的州。得克萨斯州和佛罗里达州的数值比国家的平均数值仍然要高，佛罗里达州的数值甚至比国家的平均数值略低。

从每 10 万人口中监禁人口数量来看，监狱监禁率最高的是路易斯安那州和密西西比州，数值分别是 881 人和 702 人；看守所监禁率最高的是路易斯安那州和哥伦比亚特区，数值分别是 704 人和 645 人。

从监狱和看守所监禁人口总数来看，数值最低的是北达科他州和阿拉斯加州，分别是 2 430 人和 2 573 人；从监狱监禁人口数量来看，最低的是北达科他州、佛蒙特州、缅因州，分别是 1 486 人、1 724 人、1 980 人；从看守所监禁人口数量来看，最低的是北达科他州 944 人和阿拉斯加州 65 人。

从每 10 万人口中的监禁人口数量来看，监狱监禁率最低的是缅因州 150 人和明尼苏达州 189 人；看守所监禁率最低的是缅因州 117 人、爱荷华州 123 人、新罕布什尔州 132 人、明尼苏达州 137 人、北达科他州 148 人。

综上，美国及其大部分州监狱监禁人数基本上是其看守所监禁人数的 2 倍；美国监禁人口数量在各州及哥伦比亚特区呈不均衡分布。加利福尼亚州、得克萨斯州和佛罗里达州是美国监禁人口最多的 3 个州；路易斯安那州是美国监禁率最高的州。综合监狱和看守所监禁人口总数与监狱和看守所分别监禁人口数量来看，北达科他州是美国监禁人口最低的州；综合监狱监禁率和看守所监禁率来看，缅因州和明尼苏达州是监禁率最低的州。

二、囚犯的性别

2009 年美国男性的监禁率是 1.398%，女性的监禁率是 0.131%。美国监禁人口的 93% 是男性，7% 是女性。2000 年至 2008 年，联邦监狱监禁人口年均增长 4.1%，州监狱监禁人口年均增长 1.5%，看守所监禁人口年均增长 3.0%。女性囚犯增速高于男性囚犯。2009 年有关数据显示，联邦监狱、州监狱和看守所共监禁了 201 200 名女性囚犯。[①] 美国、各州及哥伦比亚特区监狱男、女囚犯人口数量情况见表 2-29。

---

① 数据来源于 Facts about Prisons and Prisoners，The Sentencing Project，参见 http://prisonpolicy.org/scans/prison_facts.pdf[2010-11-16].

表 2-29① 美国、各州及哥伦比亚特区监狱男、女囚犯人口数量

	2009 年监狱男性囚犯人口数量（单位：人）	2009 年监狱女性囚犯人口数量（单位：人）		2009 年监狱男性囚犯人口数量（单位：人）	2009 年监狱女性囚犯人口数量（单位：人）
美国	1 443 524	105 197	俄亥俄州	47 617	3 989
华盛顿州	16 812	1 387	密歇根州	43 723	1 755
俄勒冈州	13 244	1 121	缅因州	1 845	135
加利福尼亚州	159 396	10 735	新罕布什尔州	2 564	167
内华达州	11 533	949	佛蒙特州	1 626	98
爱达荷州	6 656	744	马萨诸塞州	9 645	425
犹他州	5 941	578	罗德岛州	2 129	91
亚利桑那州	35 088	3 441	康涅狄格州	12 754	712
新墨西哥州	5 739	652	新泽西州	24 176	1 206
科罗拉多州	20 694	2 101	特拉华州	3 781	190
怀俄明州	1 861	214	马里兰州	20 867	1 001
蒙大拿州	3 214	391	哥伦比亚特区	N/A	N/A
北达科他州	1 312	174	纽约州	55 991	2 464
南达科他州	3 050	380	宾夕法尼亚州	48 509	2 807
内布拉斯加州	4 032	360	西弗吉尼亚州	5 639	674
堪萨斯州	8 076	565	弗吉尼亚州	35 156	2 903
俄克拉荷马州	21 870	2 526	肯塔基州	18 546	2 126
得克萨斯州	150 566	11 620	田纳西州	24 956	2 009
路易斯安那州	37 164	2 616	北卡罗来纳州	32 766	2 097
阿肯色州	14 086	1 058	南卡罗来纳州	22 076	1 410
密苏里州	28 129	2 425	佐治亚州	48 422	3 590
爱荷华州	8 090	723	阿拉巴马州	28 404	2 319
明尼苏达州	9 312	674	密西西比州	19 154	1 614
威斯康星州	19 728	1 189	佛罗里达州	96 632	7 283
伊利诺伊州	42 571	2 590	夏威夷州	3 678	441
印第安纳州	26 282	2 506	阿拉斯加州	2 316	192

① 表 2-29 中的数据整理自 Interactive Map, The Sentencing Project, 参见 http://www.sentencingproject.org/map/map.cfm[2010-12-12].

如表2-29所示,美国监禁男性囚犯大概是女性囚犯的14倍;美国各州监狱男性囚犯基本上是女性囚犯的10—20倍之间。

监狱男性囚犯、女性囚犯最多的州都是加利福尼亚州、得克萨斯州和佛罗里达州,其中男性囚犯人数分别是159 396人、150 566人和96 632人;女性囚犯人数分别是10 735人、11 620人和7 283人。

监狱男性囚犯最少的州是北达科他州、佛蒙特州、缅因州,男性囚犯分别是1 312人、1 626人和1 845人;监狱女性囚犯最少的州是罗德岛州、佛蒙特州、缅因州、新罕布什尔州、北达科他州,女性囚犯分别是91人、98人、135人、167人和174人。

综上,美国及其各州监狱男性囚犯基本上是其女性囚犯的10~20倍之间。监狱中男性囚犯较多的州,女性囚犯也较多;监狱中男性囚犯较少的州,女性囚犯一般也较少。

三、囚犯的种族

截至2003年12月31日,美国联邦监狱和州监狱中44%的囚犯为非洲裔美国人,35%为白人,19%为拉美裔美国人。[①] 2009年数据显示,在押囚犯39%是非洲裔美国人,22%是拉美裔美国人。美国囚犯构成带有浓厚的种族主义色彩:每15个成年非洲裔美国人、每36个拉美裔美国人就有一个锒铛入狱。2/3被判处终身监禁的囚犯是非洲裔或者拉美裔。在美国某些州情况更为严重,例如纽约州只有16.3%的囚犯是白人,其他都是非洲裔和拉美裔人。[②] 2009年数据显示,25岁到29岁之间的美国男人,非洲裔1/10被监禁,拉美裔1/25被监禁,白人只有1/64被监禁。[③] 美国、各州及哥伦比亚特区不同种族监禁率情况见表2-30。

---

① 参见张克武:《近距离观察美国监狱》(http://wljy.changde.gov.cn/art/2007/7/10/art_9421_103768.html[2010-12-25])。

② 参见《美国监狱侵犯人权现象严重》(http://www.globa lview.cn/ReadNews.asp?NewsID=20801[2010-11-26])。

③ 数据来源于Facts about Prisons and Prisoners,The Sentencing Project,参见http://prisonpolicy.org/scans/prison_facts.pdf[2010-11-16].

表 2-30[①] 美国、各州及哥伦比亚特区不同种族监禁率

	2005 年每 10 万美国白人的监禁人数（单位:人）	2005 年每 10 万非洲裔美国人的监禁人数（单位:人）	2005 年每 10 万拉美裔美国人的监禁人数（单位:人）
美国	412	2 290	742
华盛顿州	393	2 522	527
俄勒冈州	502	2 930	573
加利福尼亚州	460	2 992	782
内华达州	627	2 916	621
爱达荷州	675	2 869	1 654
犹他州	392	3 588	838
亚利桑那州	590	3 294	1 075
新墨西哥州	N/A	N/A	N/A
科罗拉多州	525	3 491	1 042
怀俄明州	N/A	N/A	N/A
蒙大拿州	433	3 569	846
北达科他州	267	2 683	848
南达科他州	470	4 710	N/A
内布拉斯加州	290	2 418	739
堪萨斯州	443	3 096	N/A
俄克拉荷马州	740	3 252	832
得克萨斯州	667	3 162	830
路易斯安那州	523	2 452	244
阿肯色州	478	1 846	288
密苏里州	487	2 556	587
爱荷华州	309	4 200	764
明尼苏达州	212	1 937	N/A
威斯康星州	415	4 416	N/A
伊利诺伊州	223	2 020	415

① 表 2-30 中的数据整理自 Interactive Map, The Sentencing Project，参见 http://www.sentencingproject.org/map/map.cfm[2010-12-12].

（续表）

	2005 年每 10 万美国白人的监禁人数（单位：人）	2005 年每 10 万非洲裔美国人的监禁人数（单位：人）	2005 年每 10 万拉美裔美国人的监禁人数（单位：人）
印第安纳州	463	2 526	579
俄亥俄州	344	2 196	613
密歇根州	412	2 262	397
缅因州	262	1 992	N/A
新罕布什尔州	289	2 666	1 063
佛蒙特州	304	3 797	N/A
马萨诸塞州	201	1 635	1 229
罗德岛州	191	1 838	631
康涅狄格州	211	2 532	1 401
新泽西州	190	2 352	630
特拉华州	396	2 517	683
马里兰州	288	1 579	N/A
哥伦比亚特区	56	1 065	267
纽约州	174	1 627	778
宾夕法尼亚州	305	2 792	1 714
西弗吉尼亚州	392	2 188	211
弗吉尼亚州	396	2 331	487
肯塔基州	561	2 793	757
田纳西州	487	2 006	561
北卡罗来纳州	320	1 727	N/A
南卡罗来纳州	415	1 856	476
佐治亚州	623	2 068	576
阿拉巴马州	542	1 916	N/A
密西西比州	503	1 742	611
佛罗里达州	588	2 615	382
夏威夷州	453	851	185
阿拉斯加州	500	2 163	380

从表 2-30 可知,美国不同种族监禁率相差悬殊。每 10 万非洲裔美国人监禁人数是每 10 万美国白人的近 6 倍,每 10 万拉美裔美国人监禁人数是每 10 万美国白人的近 2 倍。美国各州和哥伦比亚特区的非洲裔美国人监禁率都比相应区域的美国白人监禁率要高,有些州的非洲裔美国人监禁率达到美国白人监禁率的 10 倍以上,如北达科他州、南达科他州、爱荷华州、威斯康星州、佛蒙特州、康涅狄格州、新泽西州;哥伦比亚特区的非洲裔美国人监禁率甚至是美国白人监禁率的近 20 倍。美国大部分州和哥伦比亚特区的拉美裔美国人监禁率比相应区域的美国白人监禁率要高,部分州拉美裔美国人监禁率比相应区域的美国白人监禁率甚至高出 5 倍以上,如马萨诸塞州和康涅狄格州。

四、囚犯的罪种

2006 年州监狱囚犯中,有一半涉及暴力犯罪,另一半涉及毒品犯罪、财产犯罪和公共秩序犯罪。总的来说,较之其他工业化国家,美国财产犯罪率较低,而暴力犯罪率较高。1983 年,美国看守所在押人员中涉及毒品犯罪的占 10%,2002 年增长到 25%;2006 年州监狱在押囚犯中毒品犯罪占 20%;2008 年联邦监狱在押囚犯中毒品犯罪占 52%。美国州监狱不同罪种监禁人口数量情况见表 2-31。

表 2-31① 2007 年州监狱不同罪种监禁人口数量

	州监狱监禁人口数量（单位:人）	占州监狱监禁总人数比例
所有暴力犯罪	692 800	51.2%
谋杀	168 200	12.4%
过失杀人	15 100	1.1%
强奸	70 300	5.2%
其他性侵犯	82 200	6.1%

① 表 2-31 中的数据整理自 Sabol William, West Heather, Prisoners in 2009, Bureau Justice Statistics, 参见 http://bjs. ojp. usdoj. gov/index. cfm? ty = pbdetail&iid = 2232 [2011-01-05].

（续表）

	州监狱监禁人口数量（单位：人）	占州监狱监禁总人数比例
抢劫	178 400	13.2%
伤害	136 900	10.1%
其他暴力犯罪	41 700	3.1%
所有财产犯罪	265 300	19.6%
入室盗窃	126 500	9.3%
普通盗窃	53 300	3.9%
机动车盗窃	23 100	1.7%
诈骗	34 400	2.5%
其他财产犯罪	27 900	2.1%
毒品犯罪	273 600	20.2%
违反公共秩序犯罪	103 100	7.6%
其他犯罪	18 900	1.4%
总计	1 353 600	100.0%

从表2-31可以看出，美国州监狱中，所有暴力犯罪囚犯大约占州监狱监禁人口的一半，为51.2%；所有财产犯罪囚犯和毒品犯罪囚犯大约占州监狱监禁人口的两成，具体比例分别是19.6%和20.2%；剩下的是涉及违反公共秩序犯罪和其他犯罪的囚犯。美国州监狱毒品犯罪监禁人口是州监狱监禁人口总数的20.2%，这一数字远远超过州监狱暴力犯罪中的任何一种具体暴力犯罪监禁人口数量，甚至超过州监狱所有财产犯罪监禁人口的总数。

五、囚犯的刑种

截至1992年，美国有13 937人被判处终身监禁在监狱服刑，有125 995人被判处20年或者20年以上刑期在监狱服刑。[①] 美国、各州及哥伦比亚特区终身监禁人口和不得假释终身监禁人口数量情况见

① Irwin J, Austin J, *It's About Time: America's Imprisonment Binge*, 2nd ed., Belmont, CA: Wadsworth, 1997.

表2-32。

表2-32①　美国、各州及哥伦比亚特区终身监禁人口数量和不得假释终身监禁人口数量

	2009年身监禁人口数量（单位：人）	2009年终身监禁人数占监狱总人口比例	2009年不得假释终身监禁人口数量（单位：人）	2009年不得假释终身监禁人数占监狱总人口比例
美国	140 610	9.5%	41 095	2.8%
华盛顿州	1 967	12.5%	542	3.4%
俄勒冈州	719	5.3%	143	1.1%
加利福尼亚州	34 164	20.0%	3 679	2.2%
内华达州	2 217	16.5%	450	3.3%
爱达荷州	523	8.3%	102	1.6%
犹他州	N/A	N/A	N/A	0.0%
亚利桑那州	1 433	3.7%	208	0.5%
新墨西哥州	391	6.2%	0	0.0%
科罗拉多州	2 136	9.3%	464	2.0%
怀俄明州	197	9.5%	20	1.0%
蒙大拿州	171	5.0%	51	1.5%
北达科他州	40	2.8%	11	0.8%
南达科他州	169	5.1%	169	5.1%
内布拉斯加州	515	11.8%	213	4.9%
堪萨斯州	806	9.2%	2	0.0%
俄克拉荷马州	2 135	8.5%	623	2.5%
得克萨斯州	8 558	6.2%	71	0.1%
路易斯安那州	4 161	10.9%	4 161	10.9%
阿肯色州	1 376	9.5%	541	3.7%
密苏里州	2 582	8.7%	938	3.1%
爱荷华州	616	7.1%	616	7.1%
明尼苏达州	496	5.4%	48	0.5%
威斯康星州	1 072	4.8%	171	0.8%

① 表2-32中的数据整理自 Interactive Map, The Sentencing Project, 参见 http://www.sentencingproject.org/map/map.cfm[2010-12-12].

（续表）

	2009 年身监禁人口数量（单位:人）	2009 年终身监禁人数占监狱总人口比例	2009 年不得假释终身监禁人口数量（单位:人）	2009 年不得假释终身监禁人数占监狱总人口比例
伊利诺伊州	103	N/A	103	N/A
印第安纳州	250	0.9%	96	0.4%
俄亥俄州	5 202	10.4%	216	0.4%
密歇根州	5 010	10.0%	3 384	6.7%
缅因州	58	2.6%	54	2.4%
新罕布什尔州	177	6.1%	63	2.2%
佛蒙特州	89	4.1%	13	0.6%
马萨诸塞州	1 760	17.1%	902	8.7%
罗德岛州	182	4.8%	32	0.8%
康涅狄格州	430	2.2%	334	1.7%
新泽西州	1 257	4.8%	46	0.2%
特拉华州	526	13.8%	318	8.3%
马里兰州	2 311	9.9%	321	1.4%
哥伦比亚特区	N/A	N/A	N/A	N/A
纽约州	11 147	18.0%	190	0.3%
宾夕法尼亚州	4 349	9.4%	4 343	9.4%
西弗吉尼亚州	612	10.4%	251	4.3%
弗吉尼亚州	2 145	5.8%	774	2.1%
肯塔基州	1 073	7.8%	66	0.5%
田纳西州	2 020	10.5%	260	1.3%
北卡罗来纳州	2 390	6.1%	1 215	3.1%
南卡罗来纳州	2 056	8.4%	777	3.2%
佐治亚州	7 193	13.1%	486	0.9%
阿拉巴马州	5 087	17.3%	1 413	4.8%
密西西比州	1 914	8.5%	1 230	5.4%
佛罗里达州	10 784	11.3%	6 424	6.7%
夏威夷州	412	11.6%	47	1.3%
阿拉斯加州	229	6.6%	N/A	N/A

如表 2-32 所示，2009 年，美国终身监禁人口数量超过 14 万人，占

监狱监禁人口总数的9.5%;不得假释终身监禁人口数量超过4万人,占监狱监禁人口总数的2.8%。

从终身监禁人口数量来看,各州并不均衡。终身监禁人口数量较少的州如北达科他州和缅因州,分别是40人和58人;终身监禁人口数量较多的州如得克萨斯州8 558人、佛罗里达州10 784人、纽约州11 147人,加利福尼亚州甚至达到34 164人,约占美国终身监禁人口总数的1/4。从终身监禁人口数量占监狱监禁人口总数的比例来看,加利福尼亚州最高,其比例是20.0%,远超过美国平均值9.5%;其次就是纽约州,比例是18.0%。

从不得假释监禁人口数量来看,各州也不均衡。不得假释终身监禁人口数量最多的州是佛罗里达州6 424人,其次是宾夕法尼亚州4 343人、路易斯安那州4 161人、加利福尼亚州3 679人;不得假释终身监禁人口数量较少的州是堪萨斯州2人、北达科他州11人、佛蒙特州13人、怀俄明州20人;犹他州和新墨西哥州没有不得假释终身监禁人口。从不得假释终身监禁人口数量占监狱监禁人口总数的比例来看,路易斯安那州最高,其比例达到10.9%,是美国平均值的近4倍。

六、囚犯中的未成年人

美国、各州及哥伦比亚特区未成年人监禁人口及不得假释终身监禁未成年人监禁人口数量情况见表2-33。

表2-33① 美国、各州及哥伦比亚特区未成年人监禁人口数量及不得假释终身监禁未成年人监禁人口数量

	2006年未成年人监禁人口数量(单位:人)	2006年每10万未成年人的监禁人数(单位:人)	2010年不得假释终身监禁未成年人监禁人口数量(单位:人)
美国	91 257	295	2 466
华盛顿州	1 455	206	29
俄勒冈州	1 254	319	5

① 表2-33中的数据整理自 Interactive Map, The Sentencing Project, 参见 http://www.sentencingproject.org/map/map.cfm[2010-12-12].

（续表）

	2006 年未成年人监禁人口数量（单位：人）	2006 年每 10 万未成年人的监禁人数（单位：人）	2010 年不得假释终身监禁未成年人监禁人口数量（单位：人）
加利福尼亚州	15 240	351	275
内华达州	885	317	19
爱达荷州	522	297	3
犹他州	864	267	N/A
亚利桑那州	1 737	246	36
新墨西哥州	471	204	0
科罗拉多州	2 034	397	49
怀俄明州	315	559	0
蒙大拿州	243	235	0
北达科他州	240	355	0
南达科他州	597	672	5
内布拉斯加州	735	368	24
堪萨斯州	1 053	335	0
俄克拉荷马州	924	232	10
得克萨斯州	8 247	335	20
路易斯安那州	1 200	279	228
阿肯色州	813	261	57
密苏里州	1 293	227	78
爱荷华州	1 062	323	36
明尼苏达州	1 623	280	6
威斯康星州	1 347	251	5
伊利诺伊州	2 631	206	120
印第安纳州	2 616	364	0
俄亥俄州	4 149	322	2
密歇根州	2 760	268	352
缅因州	210	152	0
新罕布什尔州	189	148	2

（续表）

	2006 年未成年人监禁人口数量（单位:人）	2006 年每 10 万未成年人的监禁人数（单位:人）	2010 年不得假释终身监禁未成年人监禁人口数量(单位:人)
佛蒙特州	54	81	0
马萨诸塞州	1 164	198	58
罗德岛州	348	308	0
康涅狄格州	498	170	20
新泽西州	1 704	176	0
特拉华州	303	327	24
马里兰州	1 104	174	24
哥伦比亚特区	339	671	0
纽约州	4 197	270	0
宾夕法尼亚州	4 323	321	450
西弗吉尼亚州	579	320	0
弗吉尼亚州	2 310	283	N/A
肯塔基州	1 242	273	0
田纳西州	1 419	216	12
北卡罗来纳州	1 029	144	60
南卡罗来纳州	1 320	317	35
佐治亚州	2 631	276	0
阿拉巴马州	1 752	342	58
密西西比州	444	128	28
佛罗里达州	7 302	397	302
夏威夷州	123	92	2
阿拉斯加州	363	430	0

2006 年,美国未成年人监禁总数是 91 257 人,其中监禁人数最高的加利福尼亚州是 15 240 人,加利福尼亚州同时也是美国唯一未成年人监禁人数超过 1 万人的州;监禁人数最低的佛蒙特州是 54 人。

2006 年,美国每 10 万未成年人中平均监禁人数是 295 人。美国未成年人监禁率最高的南达科他州是 672 人,最低的佛蒙特州是

81 人。

2010 年，美国不得假释终身监禁未成年人总数是 2 466 人，其中不得假释终身监禁未成年人人数达到 3 位数的州有 6 个，分别是宾夕法尼亚州 450 人、密歇根州 352 人、佛罗里达州 302 人、加利福尼亚州 275 人、路易斯安那州 228 人、伊利诺伊州 120 人；不得假释终身监禁未成年人人数在两位数的州有 19 个；不得假释终身监禁未成年人人数只有个位数的州有 8 个；另外，美国有 16 个州和哥伦比亚特区没有不得假释终身监禁未成年人监禁人口。

通过以上六个方面的囚犯结构分析，得出以下结论：

第一，美国及其大部分州监狱监禁人数基本上是其看守所监禁人数的 2 倍。

第二，美国监禁人口数量在各州及哥伦比亚特区呈不均衡分布。

第三，美国及其各州监狱男性囚犯基本上是其女性囚犯的 10 ~ 20 倍之间。

第四，美国及其各州和哥伦比亚特区的不同种族监禁率相差悬殊。

第五，美国州监狱毒品犯罪监禁人口是州监狱监禁人口总数的 20.2%，这一数字远远超过州监狱暴力犯罪中任何一种具体暴力犯罪监禁人口的数量，甚至超过州监狱所有财产犯罪监禁人口的总数。

第六，美国终身监禁人口数量和不得假释监禁人口数量在各州及哥伦比亚特区呈不均衡分布。

第七，美国未成年人监禁人口数量和不得假释终身监禁未成年人监禁人口数量在各州及哥伦比亚特区呈不均衡分布。

本章小结

笔者运用翔实的相关数据和可靠的事实材料，通过纵向比较、横向比较和对囚犯结构分析，从中可以清楚地看到美国囚犯战争的具体现状及其造成的恶果。

1. 纵向比较

自从国家各个矫正机构内部的囚犯战争爆发以来，美国国家监狱的监禁数量开始空前增长，监禁率也开始空前增长，不断创造历史新高。1970 年美国联邦监狱和州监狱共有在押囚犯不到 20 万人，1991 年则高达 100 多万人，2009 年更是达到 230 万人。1920 年到 1970 年，美国监禁率大约每 10 万人监禁 100 人，2000 年则高达每 10 万人监禁 476 人。美国监狱状况越来越差，1970 年美国囚犯平均居住牢房面积 60 平方英尺，几年之后，相同的空间和相似的条件下，多了一名囚犯。1984 年，美国联邦监狱 30 所，州监狱 694 所；1990 年分别增至 75 所和 953 所；2000 年又分别增至 146 所和 1 558 所。但是，监狱数量的增长赶不上囚犯数量的增长，美国监狱牢房人满为患，美国监狱设施不堪重负。

2. 横向比较

1993 年，美国每 10 万人有 519 人在押；苏联每 10 万人有 558 人在押；南非每 10 万人有 368 人在押。到 2000 年，美国已取代俄罗斯，成为世界上监禁率最高的国家。进入看守所关押的囚犯，美国每 10 万人约有 700 人在押；英格兰和威尔士每 10 万人有 132 人在押，加拿大每 10 万人有 102 人在押，法国每 10 万人有 85 人在押，日本每 10 万人有 48 人在押。据埃菲社 2007 年 12 月 5 日报道：美国司法统计局数据显示，最近 30 年美国囚犯数量增加了 500%。美国人口仅占世界人口的 5%，而囚犯却占世界囚犯总数的 25% 强。

3. 囚犯结构

笔者从囚犯在监禁机构中的分布、囚犯的性别、囚犯的种族、囚犯的罪种、囚犯的刑种、囚犯中的未成年人六个方面展现了美国囚犯战争的现状。

第三章　美国囚犯战争的影响

卑劣的行为就像有害的杂草一样繁茂地生长在监狱里。

——剧作家奥斯卡·王尔德(Oscar Wilde)

我们既善且恶。大多数人在大多数环境里都是善良的、道德的,用正确的方式做事;但在某些特殊环境里,藏在我们内心深处的行恶念头也会冒出来。

——心理学家菲利普·津巴多(Philip George Zimbardo)

我们先来看一个著名的实验——斯坦福监狱实验(Stanford Prison Experiment)。斯坦福监狱实验是1971年由美国心理学家菲利普·津巴多领导的研究小组在斯坦福大学心理学系大楼地下室的模拟监狱内进行的,这是一项关于人类对囚禁的反应以及囚禁对监狱中的权威和被监管者行为影响的心理学实验。充当看守和囚犯的都是斯坦福大学的在校学生。研究人员在心理学大楼的地下室草草拼凑出来一所监狱,把办公室改建成了牢房。随机选出的学生“囚犯”,被“斯坦福警察局”的警察在家里逮捕,抓进巡逻车带到监狱。“狱方”给他们喷杀虱剂,勒令其裸体站成一排,挨个分发土褐色的囚衣,塞进6乘9英尺的狭窄囚房。警卫们领到了警棍、哨子、囚房钥匙和闪亮的墨镜。囚犯和看守很快适应了自己的角色,一步步地超过了预设的界限,通向危险和造成心理伤害的情形。1/3的看守被评价为显示出“真正的”虐待狂倾向,而许多囚犯在情感上受到创伤,有2人不得不提前退出实验。这些原本心理健康的美国学生,全都入了戏:不是变成了暴力、专制的警卫,就是变成了情绪低落、冷漠的囚犯。按原计划,实验要进行两个星期。津巴多的女友,看到囚犯们在深夜如厕时遭到警卫虐打,头蒙黑袋,脚铐脚镣,连忙让津巴多中止实验,以免有人受到严重伤害。到了这时候，津巴多才意识到，自己也陷入了监狱长的角色不能自拔。“我叫停实验，不是因为在监区看到的那些场面”，他在实验的技术报告里解释说，“而是因为我惊恐地意识到，我也可以轻而易举地变成最残忍的警卫，或是最软弱的囚犯，对自己的无力充满恨意：未得许可，我不能吃、不能睡，甚至不能去上厕所”。30 年后，津巴多是这样看待这次经历的，斯坦福监狱实验传递的信息是：环境对人的行为的影响力，比大多数人想象中的要强大得多，可是很少有人意识到这一点。“像我这样的社会心理学家一直在努力纠正大多数人的观点：恶只不过是个别人的特质——藏在他们的基因里、大脑里或者本质上——世界上有好苹果，也有坏苹果。”但的确是有坏苹果吧？是的，当然有，津巴多承认，但世界上绝大多数的恶，并不是少数坏苹果犯下的，相反，而是普通人在特定的环境下做出的极端行径。“怪罪个人之前，我们首先应该找出什么样的环境有可能激发出他们的恶行。与其说是坏苹果装进了好木桶，为什么不假设是好苹果装进了坏木桶？”我们如何才能判断好坏苹果与好坏木桶之间的差异呢？“在斯坦福实验展开之前，我们知道参加的学生都是好苹果，因为我们让他们做了大量测试——性格测试，临床检查，调查他们的背景等。他们每一个人都很正常。接着，我们随机指定他们是警卫还是囚犯。这就是说，第一天的时候，他们都是好苹果。可没过几天，警卫们变成虐待狂，囚犯们变得情绪不稳。”津巴多的坏木桶腐蚀了好苹果。①

通常状态下的监狱环境无论对囚犯还是对工作人员负面影响都是巨大的，更不用说在囚犯战争状态下。然而问题远未结束，囚犯战争的影响早已走出监狱，它带给美国社会的影响是全面的、深远的，有些很可能是我们所意想不到的。

第一节　个体影响

一、囚犯本身

监狱拥挤影响到囚犯日常生活的方方面面，并在很大程度上扩大

① 参见〔美〕迈克尔·舍默：《当经济学遇上生物学和心理学》，闾佳译，中国人民大学出版社 2009 年版，第 168—172 页。

了当代监狱生活的压力。大量关于监狱拥挤的文献证明，监狱满负荷甚至是超负荷运作会带来巨大的负面影响。正像20世纪80年代一组监狱学者所总结的，监狱拥挤成为主要的行政问题，它从反面影响到了囚犯的健康、行为和情绪。[①]"实证研究表明，监狱拥挤会毫无例外地带来大量严重的消极后果。"[②]监狱人口中普遍存在严重创伤后遗症（PTSD），监狱人口患有严重创伤后遗症的几率是普通人口的10倍。[③]长期无法摆脱的拥挤使美国许多监狱环境具有高压的特点，它可能导致的不仅是身体的伤害，而且包括心理的伤害。[④]监狱拥挤的压力同时可能扩大囚犯带给监狱的已经存在的许多问题。风险因素和多种多样的创伤形式会给囚犯带来一系列的影响，包括引发疾病问题、引发心理问题、引发暴力行为和引发人员闲散，等等。

（一）引发疾病问题

监狱拥挤除了可能使监狱生活质量变得更糟糕外，还会增加囚犯患病的风险，导致越来越多的囚犯进行疾病投诉。一份研究分析认为，监禁经历会增加囚犯释放后的健康风险，给囚犯释放后的恢复和融入社会增加障碍，甚至短期监禁都会带来患上传染性疾病的可能性。[⑤]尽管在过去几十年里空前增长的囚犯饱受这样的风险，但是国家对囚犯健康的关注度却没有和监禁率同步增长，对释放后的前囚犯则更加缺乏健康关注。囚犯从监狱到自由社会所面临的大量医学挑战和心理挑战折射出他们的高死亡率。一份研究报道表明，在释放的最初两年内，前囚犯的死亡率要比普通人的死亡率高3.5倍；更糟糕

---

① Gaes Gerald, *The Effects of Overcrowding in Prison*, in Michael Tonry, Norval Morris, *Crime and Justice: An Annual Review of Research*, Chicago: University of Chicago Press, 1985, 95.

② Thornberry Terence, Call Jack, Constitutional Challenges to Prison Overcrowding: The Scientific Evidence of Harmful Effect, *Hastings Law Journal*, 1983, 35: 313, 351.

③ Andy Hochstetler, et al., Damaged Goods: Exploring Predictors of Distress in Prison Inmates, *Crime & Delinq*, 2004, 50: 437, 452.

④ Ostfeld Adrian, et al., *Stress, Crowding, and Blood Pressure in Prison*, London: Psychology Press, 1987.

⑤ Michael Massoglia, Incarceration, Health, and Racial Disparities in Health, *Law & Soc'y Rev.*, 2008, 42: 275, 295.

的是,在释放的最初两周内,他们的死亡率是普通人的12倍以上。[①]疾病是最主要的死亡原因之一,拥挤且环境恶劣的美国监狱,是各种疾病的繁衍之地。由于美国监狱犯人众多,缺乏必要的卫生医疗设施,因感染艾滋病等致死事件经常发生。例如在1997年的一年时间里,3/4的囚犯在出狱时离不开药物,1/5的囚犯患有某种精神病,美国携带艾滋病病毒的人口中有1/4是当年监狱释放的前囚犯。[②] 20世纪80年代末,当一种具有抗药性的结核病袭击纽约市时,竟然有80%的病例出自监狱犯人。[③] 1999年,全美死亡罪犯3 191人,其中因艾滋病死亡258人。[④] 美国司法部在小布什执政期间公布的一项报告指出,国家监狱和联邦监狱中有22 480名囚犯是艾滋病病毒携带者或者是已经确认的艾滋病患者。[⑤]

(二)引发心理问题

从一个心理学家的视角来看,监狱拥挤问题是一个致命的问题。大多数的监狱专家同意美国密歇根州立大学教授汉斯·托奇(Hans Toch)和肯尼斯·亚当斯(Kenneth Adams)的观点,认为监狱生存的压力永远都不会被过高估计[⑥]——甚至在条件最好的监狱也是如此。在监狱极度拥挤的环境下,监狱将变成无法忍受的具有毁灭性的地方。在这种极端形式的监禁中,人们必然遭受心理创伤,有时这种心理创伤是无法恢复的,大多数囚犯在释放后也很难消除这种心理创伤。监狱拥挤的环境使得囚犯长期陷入一种惶恐不安的状态,不少囚犯因此精神失常。国家监狱中大约有28.3万名精神病患者,比当时精神病

① Binswanger Ingrid, et al., Release from Prison-A High Risk of Death for Former Inmates, *New Eng. J. Med.*, 2007, 356: 157; Hamnett Theodore, Roberts Cheryl, Kennedy Sofia, Health-Related Issues in Prisoner Reentry, *Crime & Delinq.*, 2001, 47: 390.

② 参见刘力:《美国监狱人口全球第一》,载《天涯》2003年第2期,第191页。

③ 参见《美国囚犯:抹不去的耻辱》,郑诚译,载《国外社会科学文摘》2002年第11期,第48—49页。

④ 参见张克武:《近距离观察美国监狱》(http://wljy.changde.go v.cn/art/2007/7/10/art_9421_103768.html)。

⑤ 参见《美国监狱侵犯人权现象严重》(http://www.globalvie w.cn/ReadNews.asp?NewsID=20801[2010-11-26])。

⑥ Hans Toch, Kenneth Adams, *Acting Out: Maladaptive Behavior in Confinement*, Washington DC: American Psychological Association, 2002: 230.

院的人数还高出4倍。[①] 监狱学者爱德华·赞博(Edward Zamble)曾指出,囚犯通常在监狱生活的初始阶段就能感受到这种严重的心理不适,随之而来的是典型地、缓慢而渐进地改善。但是这种不适的程度和改善的程度会极大地受到他们所居住的和必须适应的监狱环境的影响。时间越长,监狱环境越紧张,消极的心理影响就越大。[②] 监狱拥挤会通过普遍减少给予关押囚犯的资源来提升监狱内部的集体挫折感。囚犯日常所做的大量事情是因为他们之中的一些人而被连累。未被发现和未经治愈的患有心理疾病的囚犯不仅很可能使他们自己的情况恶化,也会给和他们共同居住和相互接触的其他囚犯带来严重的影响。[③] 20世纪90年代中期,一组临床学者的报道指出:“治疗囚犯心理疾病的前景变成了一个比预想更困难的事情,以监狱暴增的现状来看这几乎成了无法完成的工作。”[④]

(三)引发暴力行为

监狱超负荷运转,囚犯暴力冲突不断。加利福尼亚州监狱在设计时只能容纳2 200名囚犯,却关押了4 000多名囚犯,监狱拥挤造成囚犯之间经常发生打架事件,仅2000年就有120多名囚犯发生骚乱,造成10人受伤。2001年12月,加利福尼亚州监狱约300名囚犯暴乱,监狱警察动用催泪瓦斯和木制子弹进行平息,7名囚犯严重受伤。[⑤] 1998年,美国有59名罪犯被其他罪犯杀害,因攻击、打架和强奸造成6 750名罪犯和2 331名监管人员受伤害。据加利福尼亚州民间团体估计,全美监狱每天发生成千上万起强奸案。男性罪犯经常遭到同监囚犯的性虐待,在一些极端的案件中,被强奸者几乎成了施暴者的性

---

① 参见《美国监狱侵犯人权现象严重》(http://www.globalvie w.cn/ReadNews.asp?NewsID=20801[2010-11-26])。

② Edward Zamble, Behavior and Adaptation in Longterm Prison Inmates: Descriptive Longitudinal Results, *Crim. Just. & Behav.*, 1992, 19: 409, 420.

③ Claire Lawrence, Kathryn Andrews, The Influence of Perceived Prison Crowding on Male Inmates' Perception of Aggressive Events, *Aggressive Behav.*, 2004, 30: 272.

④ Cataldo Frank, et al., Screening Prison Inmates for Mental Disorder: An Examination of the Relationship Between Mental Disorder and Prison Adjustment, *Bull. Am. Acad. Psychiatry & L.*, 1995, 23: 573, 574.

⑤ 参见王志亮:《美国监狱囚犯的人权状况》,载《法治论丛》2010年第2期,第131页。

奴隶,他们被"出租""出售"或"拍卖"给其他囚犯,身心备受摧残。在加利福尼亚州考克兰监狱,8名狱警将来自敌对派系的囚犯赶到一个小运动场上,让他们进行古罗马角斗士式的打斗以取乐,致使多名囚犯在打斗中死亡。与此同时,女性囚犯的境遇也十分恶劣,1999年美国政府的一项研究指出,对监管人员性虐待和行为不端的指控无处不在。纽约一所监狱的女性囚犯揭露,许多女性囚犯在监狱中都被强奸过,甚至有些女性囚犯在监狱中生下了孩子。[①] 在国家监狱和联邦监狱中有4.5%的囚犯曾经遭到一次或者多次性侵犯。2.9%的囚犯声称自己遭遇的性侵犯事件与监狱工作人员有关,与此同时0.5%的囚犯明确表示曾经遭到其他囚犯和工作人员的性侵犯。[②]

每年有7 000人在美国监狱中死亡,很多人死于他杀或者自杀。[③] 研究发现,经历监狱拥挤的囚犯更有可能以暴力和侵略的方式侵扰其他囚犯。监狱对身体来说是危险的居住场所,一份研究报告指出,6个月监禁生活期间的被害率是21%,这是社会生活中被害率的10倍以上。[④] 研究同时显示,拥挤是监狱环境一个危险的特点,它会显著地增加监狱内囚犯自杀的可能。[⑤] 学者发现,拥挤导致大量的监狱内自杀事件是因为它降低了囚犯从事有目的性活动的可能。[⑥] 一份研究指出:"监狱拥挤是个慢性病,不是短期问题。那些倾向于做出反社会行为的囚犯聚集在一起,会由于个人空间的局限而出现高频违反纪律的

① 参见张克武:《近距离观察美国监狱》(http://wljy.changde.go v.cn/art/2007/7/10/art_9421_103768.html[2010-12-25])。

② 参见《美国监狱侵犯人权现象严重》(http://www.global view.cn/ReadNews.asp?NewsID=20801[2010-11-26])。

③ 同上注。

④ Wolff Nancy, et al., Physical Violence Inside Prison: Rates of Victimization, *Crim. Just. & Behav.*, 2007, 34: 588-599.

⑤ Huey Meredith, Nulty Thomas, Institutional Conditions and Prison Suicide: Conditional Effects of Deprivation and Overcrowding, *Prison J.*, 2005, 85: 490, 507.

⑥ Morven Lease, et al., An Ecological Study of Factors Associated with Rates of Self-Inflicted Death in Prisons in England and Wales, *Int'l J. L. & Psychiatry*, 2006, 29: 355, 359; John Wooldredge, Inmate Experiences and Psychological Well-Being, *Crim. Just. & Behav.*, 1999, 26: 235.

情况。”[①]拥挤能够增加监狱中人与人之间冲突和攻击的可能性，监狱工作人员不能有效地控制囚犯的行为，并且不能从根本上通过囚犯分别关押的方法减少他们之间的暴力冲突。一项研究显示：监狱密度和囚犯攻击概率之间存在重要联系，也就是说，监狱密度越大攻击行为越常见。[②] 拥挤和暴力之间的关系还与监狱中年轻囚犯的比率有关，年轻囚犯的比率越高，拥挤和暴力之间的关联度越强。一个得克萨斯州监狱系统的研究发现，机构中的年轻囚犯比例越高，侵犯率和攻击率越高。年轻囚犯比年龄较大囚犯更容易受到大型监狱中拥挤状况的影响。[③] 与年龄相关的拥挤影响，部分原因是由于年轻囚犯性格不稳定，对周围环境更敏感，更容易被拥挤环境带来的紧张气氛所影响。监狱工作人员通常把违反纪律的囚犯放到隔离室中进行惩罚，年轻囚犯对拥挤监狱环境的反应意味着越来越多的人被关押到更苛刻的隔离室中。在遭到隔离的囚犯当中，多数人被隔离的时间已经超过5年。[④] 不难预见这种长期隔离的结果：部分囚犯由于长期被隔离监禁导致他们无法适应正常生活，在释放后无法在监狱外紧张的社会环境中找到合适的工作。因此对于拥挤这种结构性原因导致的行为问题，通过惩罚的方法是无法控制的，这只会危害囚犯的长期生活并可能带来间接的犯罪增长。

（四）引发囚犯闲散

囚犯入狱然后被释放，他们再次入狱的几率很大。不仅因为他们缺少基本的听说读写能力，还因为缺乏有效的工作培训和工作经验。

---

① Megargee Eewin, The Association of Population Density, Reduced Space, and Uncomfortable Temperature with Misconduct in a Prison Community, *Am. J. Community Psychol.*, 1977, 5: 289, 295.

② Haney Craig, Counting Casualties in the War on Prisoners, *University of San Francisco Law Review*, 2008 (summer): 87-138，参见 http://www.supermaxed.com/NewSupermaxMate rials/Haney-Counting-Casualties-War-Prisoners.pdf[2010-07-12].

③ Sheldon Ekland Olson, et al., Prison Overcrowding and Disciplinary Problems: An Analysis of the Texas Prison System, *J. Applied Behav. Sci.*, 1983, 19: 163, 174; Gaes Gerald, Guire William, Prison Violence: The Contribution of Crowding Versus Other Determinants of Prison Assault Rates, *J. Res. Crime & Delinq.*, 1985, 22: 41.

④ 参见《美国监狱侵犯人权现象严重》(http://www.globalvie w.cn/ReadNews.asp?NewsID=20801[2010-11-26])。

在囚犯战争背景下，美国许多监狱甚至不能满足囚犯最基本的教育需求。一项对全美囚犯听说读写能力的调查暴露出了严重问题：1992 年大约有 7/10 的囚犯是文盲或者半文盲。[①] 20 世纪 90 年代中期一份对加利福尼亚州囚犯人口的调查显示：20.8% 的囚犯识字能力在 3 级以下，30% 的囚犯仅仅是稍微识字。[②] 2002 年，加利福尼亚州监狱系统关押了超过 15 万名囚犯，根据矫正部门的说法，这些囚犯的平均识字能力不超过 7 级水平。[③] 另一方面，20 世纪 90 年代初期，司法统计局报告指出，将近 40% 的国家囚犯在监狱没有从事任何工作，另外 40% 的囚犯被分配的工作主要包括洗衣工作、厨房工作和建筑维修工作等。[④] 只有 7% 的囚犯参加到监狱工业项目中工作，而监狱工业项目的工作经验和技术才更有可能在他们释放后运用到社会中。通过工作，囚犯除了得到一定的报酬之外，还可以学到一技之长，同时又打发了在监狱中寂寞的时光，因此囚犯们大多愿意得到工作的机会。由于要求工作的人多，他们常常要排队等很长时间，才能得到工作机会。[⑤] 10 年之后，极度拥挤的监狱系统仍然存在同样的问题，或者是更为严重的囚犯闲散问题。即便在囚犯花费很高的监狱系统内，拥挤问题仍然导致监狱在此方面的无所作为，大量囚犯长期处于无工作状态。2002 年，在加利福尼亚州仅有一半的囚犯有一份监狱工作。[⑥] 2006 年情况变得更糟糕，大约 50% 从监狱释放的加利福尼亚州囚犯，在他们

---

① Haigler Karl, et al. , Literacy Behind Prison Walls, Nat'l Ctr. for Educ. Statistics, 1994, http://nces. ed. gov/pubs94/94102. pdf[2009-10-09].

② Gary Sutherland, *Reading Proficiency of Inmates in California Correctional Institutions*, Sacramento, CA: Cal. State Univ. Sacramento, 1997.

③ California Department of Corrections and Rehabilitation, http://www. cdcr. ca. gov[2008-11-10].

④ Haney Craig, Counting Casualties in the War on Prisoners, *University of San Francisco Law Review*, 2008 (summer): 87-138, http://www. supermaxed. com/NewSupermax Materials/Haney-Counting-Casualties-War-Prisoners. pdf[2010-07-12].

⑤ 参见张克武：《近距离观察美国监狱》(http://wljy. changde. go v. cn/art/2007/7/10/art_9421_103768. html[2010-12-25])。

⑥ California Department of Corrections Facts, http://web. archive. org/web/20020612144314/www. cdc. state. ca. us/Factsht. htm[2008-11-10].

被监禁期间没有参加过任何复归项目、工作培训或者监狱工作。[①] 2007 年 12 月，一组由政府召集的矫正专家指出：“每年每个囚犯的财政开支是 43 300 美元，使用在复归项目上的资金仅仅是 2 053 美元（占 5%）。现在，矫正文化的焦点大部分集中在监禁上而不是复归上。因为拥挤，囚犯现在都睡在以前被用来进行教学、职业教育和毒品治疗的地方。”[②]除了释放后的大量失业，长期闲散同时给囚犯带来消极的心理和行为影响。回溯到 20 世纪 80 年代，当拥挤和缺乏监狱项目的趋势刚刚开始之时，美国审计总署就指出：“矫正官员确信太多的囚犯闲置可能导致机构内部破坏性行为和暴力行为的增加。”[③]闲置同样能够增加监狱内部人与人之间冲突和攻击的可能性。一些评论家认为，监狱拥挤加上囚犯有太多的闲散时间导致监狱强奸频频发生。

过去几十年里，美国矫正机构环境空间的拥挤和复归项目的贫乏增加了前科犯在释放后的生活困难。社会学家约翰·欧文（John Irwin）是这样评价加利福尼亚州监狱系统释放的长期监禁囚犯的：对长期服刑者而言，终年的无所事事、缺乏物质条件、没有隐私、无法选择的拥挤居住环境、专制的统治、基本尊重的缺失和经济剥削给他们带来了严重的挫败感。这种挫败感大大地降低了囚犯在释放后寻求自食其力的、相对传统的非罪犯生活的可能性。[④] 囚犯战争的鼎盛时期被关押的许多囚犯都认为他们身处紧张、危险的环境。监狱系统面对不断涌入的新囚犯束手无策，不能满足他们的基本需要，无法给囚犯创造参加基本复归项目和基本工作培训的机会。因此，囚犯战争第一线的监禁生活意味着长期的闲散、空虚和痛苦。

---

① Expert Panel on Adult Offender Reentry & Recidivism Reduction Programs, A Roadmap for Effective Offender Programming in California, *Cal. Dep't of Corr. & Rehab*, 2007, 7, http://www.cdcr.ca.gov/news/ExpertPanel.html.

② Petersilia Joan, et al., Meeting the Challenges of Rehabilitation in California's Prison and Parole System, http://ucicorrections.seweb.uci.edu/files/ Rehabilitation%20Strike%CC20Team%20Report.pdf[2009-10-16].

③ Phil Gunby, Sexual Behavior in an Abnormal Situation, *J. Am. Med. Ass'n*, 1981, 245: 215.

④ John Irwin, *The Warehouse Prison: Disposal of the New Dangerous Class*, Los Angeles: Roxbury Publishing Company, 2004: 168.

二、囚犯家庭

从囚犯战争第一线释放的囚犯总会带有战争遗留的伤害，他们的家庭和社会同样伴随着类似的伤害。监狱战场的极度痛苦和创伤带给囚犯在释放后要面对的大量问题。例如艾德里安·格朗斯（Adrian Grounds）和露丝·贾米森（Ruth Jamieson），是在长期监禁后被释放的前囚犯，在释放后参加了一组精神评估，评估发现，他们面临的最大心理问题只有当他们返回到社会中才逐渐显现出来。[①] 他们暴露出一种抵触情绪和严重的心理问题，这是创伤带来的心理和精神方面的伤害。格朗斯和贾米森认为："监禁给他们和他们的家庭带来的心理影响是复杂而深远的。"[②]囚犯战争给家庭、邻里和社会带来巨大的伤害，它破坏了人际关系和社会关系网、增加了家庭和邻里间的不稳定性、破坏了社区规范。[③] 监禁的痛苦和心理影响、社会影响、经济影响把许多人带到了社会和法律边缘。监禁规模的扩大打乱和破坏了公民居住的社区。国家一门心思在囚犯战争中"严打"，从而制造了许多面对囚犯战争的严重创伤而麻木无情的政府机构。这些因素和趋势改变了一些社区的生活方式和生活氛围。

由于男人大量被监禁而导致结婚率下降，离婚风险增大。[④] 经济上依靠被监禁人的家庭成员陷入经济危机，许多人只好依靠政府资助和社会资助来维持生活。55% 的州监狱囚犯和 63% 的联邦监狱囚犯有 18 岁以下的孩子。[⑤] 身为父母的囚犯由于长期不能和孩子在一起，给孩子带来了难以抹去的影响。当监狱伤害囚犯时，也有可能伤害到

---

① Grounds Adrian, Jamieson Ruth, No Sense of an Ending: Researching the Experience of Imprisonment and Release Among Republican Ex-Prisoners, *Theoretical Criminology*, 2003, 7: 347.

② Grounds Adrian, Understanding the Effects of Wrongful Imprisonment, *Crime & Justice*, 2005, 32:1.

③ Clear T R., *Imprisoning Communities: How Mass Incarceration Makes Disadvantaged Neighborhoods Worse*, New York: Oxford University Press, 2007.

④ Leonard Lopoo, Bruce Western, Incarceration and the Formation and Stability of Marital Unions, *J. Marriage & Fam.*, 2005, 67: 721.

⑤ Christopher Mumola, Incarcerated Parents and Their Children, U. S. Dep't of Justice, 2000, http:// www. ojp. usdoj. gov/bjs/pub/pdf/iptc. pdf[2009-09-15].

他们的孩子。囚犯战争给成百上千的孩子带去了伤害,在他们的父母被监禁期间,迫使他们接受缺席的、紧张的父母子女关系,甚至在他们的父母释放后也存在同样的问题。当家庭在这些心理、社会和经济压力下挣扎时,孩子很有可能被送去寄养或者是被送进了少年审判机构。

第二节 政治影响

一、选举权

在任何民主和法制健全的国家,选举权都是每一个心智健全的成年人的基本权利。自由行使选举权是民主社会的精髓,唯一的例外是:部分被定罪和部分曾经被定罪的刑事罪犯不能享有选举权。剥夺选举权使部分美国人承受着褫夺公权的后果,使他们远离了他们所在社区的政治生活。

从国家建立之初,美国大多数州都颁布了关于剥夺重罪犯和有重罪前科之人选举权的法律。美国48个州和哥伦比亚特区剥夺重罪犯的选举权,只有缅因州和佛蒙特州容许重罪犯行使选举权。35个州剥夺假释人员的选举权,并且其中的30个州同时剥夺缓刑人员的选举权。两个州不但剥夺重罪犯的选举权,甚至剥夺有重罪前科之人的选举权。10个州剥夺有特定种类重罪前科之人的选举权,或者允许有特定种类重罪前科之人在一段时间之后行使选举权,比如特拉华州和怀俄明州是5年,内布拉斯加州是2年。[①] 目前,210万被剥夺选举权的美国人是已经刑满释放的有重罪前科之人。美国佛罗里达州有近7%的选民因重罪或者重罪前科被剥夺选举权,而这些被剥夺选举权的人中绝大多数为倾向民主党的非洲裔美国人和其他下层贫民。有政治家指出,如果这些人可以投票,戈尔就会在2000年赢得佛罗里达州的选举,从而当选总统,美国的历史也将因此改写。[②]

美国、各州及哥伦比亚特区监禁人口、缓刑人口、假释人口、前科

① 参见刘力:《美国监狱人口全球第一》,载《天涯》2003年第2期,第191页。

② 同上注。

犯人口中剥夺选举权人数情况见表3-1。

表3-1①　美国、各州及哥伦比亚特区监禁人口、假释人口、缓刑人口、前科犯人口中剥夺选举权人口数量

	2004年监狱和看守所人口中剥夺选举权人数(单位:人)	2004年假释人口中剥夺选举权人数(单位:人)	2004年缓刑人口中剥夺选举权人数(单位:人)	2004年前科犯人口中剥夺选举权人数(单位:人)
美国	1 384 939	477 706	1 344 883	2 058 678
华盛顿州	17 402	116	120 014	29 785
俄勒冈州	14 228	有选举权	有选举权	有选举权
加利福尼亚州	175 544	107 580	有选举权	有选举权
内华达州	11 153	4 287	6 987	21 166
爱达荷州	6 384	2 767	8 265	有选举权
犹他州	5 970	有选举权	有选举权	有选举权
亚利桑那州	34 418	9 291	55 259	77 136
新墨西哥州	7 124	2 953	8 002	有选举权
科罗拉多州	21 717	6 920	有选举权	有选举权
怀俄明州	2 136	586	3 171	14 304
蒙大拿州	4 145	有选举权	有选举权	有选举权
北达科他州	1 466	有选举权	有选举权	有选举权
南达科他州	3 271	有选举权	有选举权	有选举权
内布拉斯加州	4 263	736	5 385	51 612
堪萨斯州	9 810	4 146	13 907	有选举权
俄克拉荷马州	23 532	4 047	21 962	有选举权
得克萨斯州	178 021	101 453	243 413	有选举权
路易斯安那州	38 759	25 065	34 366	有选举权
阿肯色州	13 699	15 461	28 532	有选举权
密苏里州	31 325	17 123	45 305	有选举权

① 表3-1中的数据整理自 Interactive Map, The Sentencing Project, 参见 http://www.sentencingproject.org/map/map.cfm[2010-12-12].

（续表）

	2004 年监狱和看守所人口中剥夺选举权人数（单位：人）	2004 年假释人口中剥夺选举权人数（单位：人）	2004 年缓刑人口中剥夺选举权人数（单位：人）	2004 年前科犯人口中剥夺选举权人数（单位：人）
爱荷华州	9 030	3 446	10 632	98 311
明尼苏达州	9 402	3 614	25 768	有选举权
威斯康星州	24 557	12 911	24 873	有选举权
伊利诺伊州	45 825	有选举权	有选举权	有选举权
印第安纳州	26 245	有选举权	有选举权	有选举权
俄亥俄州	45 487	有选举权	有选举权	有选举权
密歇根州	49 788	有选举权	有选举权	有选举权
缅因州	有选举权	有选举权	有选举权	有选举权
新罕布什尔州	2 587	有选举权	有选举权	有选举权
佛蒙特州	有选举权	有选举权	有选举权	有选举权
马萨诸塞州	10 140	有选举权	有选举权	有选举权
罗德岛州	3 771	400	16 622	有选举权
康涅狄格州	19 764	3 090	有选举权	有选举权
新泽西州	28 042	13 950	85 186	有选举权
特拉华州	7 324	508	10 818	28 028
马里兰州	24 545	14 223	20 482	52 272
哥伦比亚特区	7 407	有选举权	有选举权	有选举权
纽约州	66 276	55 741	有选举权	有选举权
宾夕法尼亚州	41 626	有选举权	有选举权	有选举权
西弗吉尼亚州	5 334	1 308	4 159	有选举权
弗吉尼亚州	37 325	5 158	37 463	297 901
肯塔基州	18 653	9 609	29 311	128 775
田纳西州	28 089	7 983	32 288	25 899
北卡罗来纳州	35 761	216	37 136	有选举权
南卡罗来纳州	24 665	2 953	20 904	有选举权
佐治亚州	50 636	23 530	209 442	有选举权

（续表）

	2004年监狱和看守所人口中剥夺选举权人数（单位：人）	2004年假释人口中剥夺选举权人数（单位：人）	2004年缓刑人口中剥夺选举权人数（单位：人）	2004年前科犯人口中剥夺选举权人数（单位：人）
阿拉巴马州	32 046	9 098	30 387	178 516
密西西比州	24 822	1 816	21 967	97 550
佛罗里达州	89 775	4 694	127 794	957 423
夏威夷州	6 529	有选举权	有选举权	有选举权
阿拉斯加州	5 121	927	5 083	有选举权

在全国范围内，大约有520万美国人也就是选举人口的2.4%因重罪或者重罪前科而暂时或者永久被剥夺选举权，这严重阻碍了这些人参与国家民主生活。200万非洲裔美国人被剥夺选举权，约占全国被剥夺选举权人数的2/5。根据目前的监禁率，下一代非洲裔美国人的3/10将在他们生命中的某段时间被剥夺选举权。[①] 在那些剥夺有重罪前科之人选举权的州里，40%的非洲裔美国人可能被永久剥夺选举权。美国、各州及哥伦比亚特区剥夺选举权人数和剥夺选举权非洲裔人数情况见表3-2。

表3-2[②] 美国、各州及哥伦比亚特区剥夺选举权人口数量与剥夺选举权非洲裔美国人人口数量及比例

	2004年剥夺选举权人口数量（单位：人）	2004年剥夺选举权人数占全部人口的比例	2004年剥夺选举权的非洲裔美国人人口数量（单位：人）	2004年剥夺选举权的非洲裔美国人人数占全部非洲裔美国人人口的比例
美国	5 266 206	2.4%	2 000 290	8.3%
华盛顿州	167 316	3.6%	23 364	17.2%
俄勒冈州	14 228	0.5%	1 988	4.4%

① 参见刘力：《美国监狱人口全球第一》，载《天涯》2003年第2期，第191页。

② 表3-2中的数据整理自Interactive Map, The Sentencing Project，参见http://www.sentencingproject.org/map/map.cfm[2010-12-12].

（续表）

	2004 年剥夺选举权人口数量（单位：人）	2004 年剥夺选举权人数占全部人口的比例	2004 年剥夺选举权的非洲裔美国人人口数量（单位：人）	2004 年剥夺选举权的非洲裔美国人人数占全部非洲裔美国人人口的比例
加利福尼亚州	283 124	1.1%	114 305	7.6%
内华达州	43 594	2.6%	12 632	12.4%
爱达荷州	17 416	1.8%	208	6.0%
犹他州	5 970	0.4%	459	3.4%
亚利桑那州	176 103	4.3%	24 181	21.1%
新墨西哥州	18 080	1.3%	1 722	6.7%
科罗拉多州	28 636	0.8%	7 459	5.4%
怀俄明州	20 198	5.3%	685	20.0%
蒙大拿州	4 145	0.6%	61	2.2%
北达科他州	1 466	0.3%	37	1.0%
南达科他州	3 271	0.6%	142	3.7%
内布拉斯加州	61 996	4.8%	11 403	22.7%
堪萨斯州	27 863	1.4%	8 750	7.4%
俄克拉荷马州	49 541	1.9%	14 882	7.3%
得克萨斯州	522 887	3.3%	165 985	9.3%
路易斯安那州	98 190	3.0%	67 850	6.8%
阿肯色州	57 691	2.8%	25 486	9.0%
密苏里州	93 752	2.2%	34 685	8.0%
爱荷华州	121 418	5.4%	14 705	34.0%
明尼苏达州	38 784	1.0%	8 865	7.9%
威斯康星州	62 342	1.5%	24 293	11.1%
伊利诺伊州	45 825	0.5%	33 053	2.7%
印第安纳州	26 245	0.6%	11 371	3.2%
俄亥俄州	45 487	0.5%	24 487	2.6%
密歇根州	49 788	0.7%	28 067	2.9%

（续表）

	2004 年剥夺选举权人口数量（单位:人）	2004 年剥夺选举权人数占全部人口的比例	2004 年剥夺选举权的非洲裔美国人人口数量（单位:人）	2004 年剥夺选举权的非洲裔美国人人数占全部非洲裔美国人人口的比例
缅因州	0	0.0%	0	0.0%
新罕布什尔州	2 587	0.3%	148	2.7%
佛蒙特州	0	0.0%	0	0.0%
马萨诸塞州	10 140	0.2%	3 804	1.6%
罗德岛州	20 793	2.5%	5 183	18.9%
康涅狄格州	22 854	0.9%	14 304	6.7%
新泽西州	127 178	2.0%	70 249	8.7%
特拉华州	46 677	7.5%	20 862	19.6%
马里兰州	111 521	2.7%	64 403	5.8%
哥伦比亚特区	7 407	1.6%	7 040	3.1%
纽约州	122 018	0.8%	78 692	4.2%
宾夕法尼亚州	41 626	0.4%	26 101	3.2%
西弗吉尼亚州	10 800	0.8%	1 462	3.4%
弗吉尼亚州	377 847	6.8%	208 343	19.8%
肯塔基州	186 348	6.0%	49 293	23.7%
田纳西州	94 258	2.1%	43 198	6.4%
北卡罗来纳州	73 113	1.2%	42 227	3.3%
南卡罗来纳州	48 522	1.6%	30 840	3.7%
佐治亚州	283 607	4.4%	160 905	9.6%
阿拉巴马州	250 046	7.4%	124 398	15.3%
密西西比州	146 155	6.9%	92 232	13.2%
佛罗里达州	1 179 687	9.0%	293 545	18.8%
夏威夷州	6 530	0.7%	366	1.7%
阿拉斯加州	11 132	2.4%	1 469	7.6%

二、种族歧视

(一) 囚犯战争与种族歧视

联合国发表的一份报告说明,在美国犯同样的罪,有色人种所受到的惩罚要比白人重 2～3 倍,杀害白人被判死刑的非洲裔美国人是杀害非洲裔美国人被判死刑的白人的 4 倍。2001 年 3 月 12 日,美国司法部公布的一份报告也不得不承认,美国警察对非洲裔美国人和拉美裔美国人进行武力威胁的可能性是对白人的 2 倍。① 过去 30 年美国监禁率超乎寻常的增长,并不是在美国所有种族中保持着大致平均地增长。非洲裔美国人只占全美人口的 12%,但在美国 200 多万监禁人口中却占 44%,拉美裔美国人占 17%。非洲裔美国人占被判处 1 年以上徒刑的监狱人口的 46%。② 据统计,非洲裔美国人蹲监狱的可能性是白人的 8 倍。少数种族青少年占美国青少年人口的 1/3,但他们却占看守所和州监狱中青少年的 2/3。③ 2006 年,非洲裔美国男性的监禁率达到令人震惊的 10 万人中有 3 042 人被监禁,是白人男性监禁率的 6 倍以上。非洲裔美国儿童父母中至少一人在监的比率是白人孩子的 9 倍。2009 年,25 岁到 29 岁之间的美国男性中,非洲裔美国人 1/10 被监禁,拉美裔美国人 1/25 被监禁,白人只有 1/64 被监禁。被监禁人员中的 39% 是非洲裔美国人,22% 是拉美裔美国人。④ 事实上,监禁已变成非洲裔美国男孩成长过程的正常经历。美国政府的数字表明,现在出生的非洲裔美国男孩有 1/3 在一生中的某一阶段会在监狱里度过至少 1 年。长此以往,作为美国奴隶制后遗症的种族问

---

① 参见中华人民共和国新闻办公室:《2001 年美国人权纪录》,载《法制日报》2002 年 3 月 12 日。

② 参见刘力:《美国监狱人口全球第一》,载《天涯》2003 年第 2 期,第 191 页。

③ 参见张克武:《近距离观察美国监狱》(http://wljy.changde.gov.cn/art/2007/7/10/art_9421_103768.html[2010-12-25])。

④ 数据来源于 Facts about Prisons and Prisoners, The Sentencing Project, 参见 http://prisonpolicy.org/scans/prison_facts.pdf[2010-11-16].

题,很可能成为美国社会不可救药的顽症。①

美国、各州及哥伦比亚特区不同种族监禁人口数量比情况见表3-3。

表3-3② 美国、各州及哥伦比亚特区不同种族监禁人口数量比

	2005年非洲裔美国人与美国白人的监禁人数之比	2005年拉美裔美国人与美国白人的监禁人数之比
美国	5.6:1	1.8:1
华盛顿州	6.4:1	1.3:1
俄勒冈州	5.8:1	1.1:1
加利福尼亚州	6.5:1	1.7:1
内华达州	4.7:1	1.0:1
爱达荷州	4.3:1	2.5:1
犹他州	9.2:1	2.1:1
亚利桑那州	5.6:1	1.8:1
新墨西哥州	N/A	N/A
科罗拉多州	6.6:1	2.0:1
怀俄明州	N/A	N/A
蒙大拿州	8.2:1	2.0:1
北达科他州	10.0:1	3.2:1
南达科他州	10.0:1	N/A
内布拉斯加州	8.3:1	2.5:1
堪萨斯州	7.0:1	N/A
俄克拉荷马州	4.4:1	1.1:1
得克萨斯州	4.7:1	1.2:1
路易斯安那州	4.7:1	0.5:1
阿肯色州	3.9:1	0.6:1
密苏里州	5.2:1	1.2:1
爱荷华州	13.6:1	2.5:1

① Mauer Marc, Lessons of the "Get Tough" Movement in the United States, in The Sentencing Project Washington DC, International Corrections and Prison Association 6th Annual Conference. Beijing: [s. n.], 2004.

② 表3-3中的数据整理自Interactive Map, The Sentencing Project, 参见http://www.sentencingproject.org/map/map.cfm[2010-12-12].

（续表）

	2005 年非洲裔美国人与美国白人的监禁人数之比	2005 年拉美裔美国人与美国白人的监禁人数之比
明尼苏达州	9.1:1	N/A
威斯康星州	10.6:1	N/A
伊利诺伊州	9.1:1	1.9:1
印第安纳州	5.5:1	1.3:1
俄亥俄州	6.4:1	1.8:1
密歇根州	5.5:1	1.0:1
缅因州	7.6:1	N/A
新罕布什尔州	9.2:1	3.7:1
佛蒙特州	12.5:1	N/A
马萨诸塞州	8.1:1	6.1:1
罗德岛州	9.6:1	3.3:1
康涅狄格州	12.0:1	6.6:1
新泽西州	12.4:1	3.3:1
特拉华州	6.4:1	1.7:1
马里兰州	5.5:1	N/A
哥伦比亚特区	19.0:1	4.8:1
纽约州	9.4:1	4.5:1
宾夕法尼亚州	9.2:1	5.6:1
西弗吉尼亚州	5.6:1	0.5:1
弗吉尼亚州	5.9:1	1.2:1
肯塔基州	5.0:1	1.3:1
田纳西州	4.1:1	1.2:1
北卡罗来纳州	5.4:1	N/A
南卡罗来纳州	4.5:1	1.1:1
佐治亚州	3.3:1	0.9:1
阿拉巴马州	3.5:1	N/A
密西西比州	3.5:1	1.2:1
佛罗里达州	4.4:1	0.6:1
夏威夷州	1.9:1	0.4:1
阿拉斯加州	4.3:1	0.8:1

在美国,任何地方也不可能像监狱一样,种族问题极端紧张、种族冲突频繁发生。囚犯战争使更多的不同种族和信仰的人们聚集在一起,他们之间比在自由世界中存在着更多的日常接触。那些有潜在种族歧视思想的人可能抵制或者反感这种被迫的接近,这将导致以前隐藏的固有种族歧视思想暴露出来。种族特征在监狱环境中是一个最方便的种族歧视制造者,它通过最基本的信息把人们区分开来。明显的特征代替了真实的了解来区分人们,由此推断他们有共同的特性和共同的价值观而不理会真实的情况。在这样一个只能依靠自己和与自己有联系囚犯的环境中,种族自豪感成为尤其重要的东西,这为以群体为基础的竞争和战争的发展提供了肥沃的土壤。除了监狱,美国社会中几乎没有任何其他公共机构是用种族来做区分的。许多监狱的常规做法是区分种族来登记花名册,一些地方甚至根据他们不同的种族用颜色码区分,并且监狱工作人员经常在日常工作中使用种族语言。监狱内部实践证明,要想避免不同种族之间的仇恨,只能把不同种族的群体隔离开来。监狱工作人员通常并不热衷于消除矫正机构内部的种族歧视,相反,他们通常默许并且带来更多的种族歧视。

太多的人已经接触到监狱的种族歧视氛围和许多监狱采用的种族政策,这种状况已经无法改变。成百上千在监狱生活时被传染了种族歧视思想的人会返回社会,像囚犯战争带来的许多负面影响一样,这种状态很可能会一直存在下去。正像美国西北大学法学院教授多萝西·罗伯茨(Dorothy Roberts)说的:"因为贫穷的非洲裔美国男人和女人喜欢聚集居住在种族和经济隔离区,因此这些邻里之间感受到了巨大的监禁数字的冲击。"这将会带来长期的影响,甚至可能是几代人的影响。罗伯茨认为:"大量监禁是当代社会生活中最有效率的种族歧视方法。"①结果,许多监狱变成了种族仇恨的大熔炉,囚犯们在这里学会了拉帮结派,这甚至造成了制度上的影响。由于每年成百上千的前科犯会带着多年在监狱环境下形成的强烈种族仇恨,被释放回归到自由世界,这就很有可能造成种族主义在自由世界中的扩张。事实

---

① Haney Craig, Counting casualties in the war on prisoners, *University of San Francisco Law Review*, 2008 (summer): 87-138, http://www.supermaxed.com/NewSupermax Materials/Haney-Counting-Casualties-War-Prisoners.pdf[2010-07-12].

上有大约200万人被长期关押在种族主义严重的监狱里，然后这些囚犯再被监狱释放回到社会。任何人也不得不承认，囚犯战争在某种程度上造成了监狱外种族帮派暴力行为的增加。

（二）毒品战争与种族歧视

近年，美国不同种族毒品犯罪州监狱监禁人口数量情况见表3-4。

表3-4[①]　**近年美国不同种族毒品犯罪州监狱监禁人口数量**

	2006年	2007年	2008年
美国白人毒品犯罪监禁人数（单位：人）	71 700	70 300	68 300
非洲裔美国人毒品犯罪监禁人数（单位：人）	118 300	124 400	113 900
拉美裔美国人毒品犯罪监禁人数（单位：人）	53 600	57 000	48 500
毒品犯罪监禁人口总数（单位：人）	264 300	273 600	251 400

如表3-4所示，非洲裔美国人占美国毒品使用者的14%，却占因毒品犯罪被逮捕犯罪嫌疑人的37%，占州监狱中毒品囚犯的近一半；美国白人占州监狱中毒品囚犯的1/2强；拉美裔美国人占州监狱中毒品囚犯的1/2弱。据纽约市《村声》周报2002年8月的统计，纽约州毒品罪犯中，90%以上是非洲裔美国人和拉美裔美国人。[②] 造成这种情况的主要原因是某些法律的种族歧视性，比如下文即将谈到的“快克”可卡因和粉末可卡因在定罪量刑上的歧视。非洲裔美国人的吸毒比例是9.7%，美国白种人是8.1%，拉美裔美国人是7.6%。[③] 非洲裔美国人占全美毒品使用者的14%，美国白人占全美毒品使用者的

① 表3-4中的数据来源于 Sabol William, West Heather, Prisoners in 2009, Bureau Justice Statistics，参见 http://bjs. ojp. usdoj. gov/index. cfm? ty = pbdetail&iid = 2232[2011-01-05].

② 参见刘力：《美国监狱人口全球第一》，载《天涯》2003年第2期，第191页。

③ Mauer Marc, King Ryan, A 25-Year Quagmire: The War on Drugs and Its Impact on American Society，参见 http://www. sentencingproject. org/doc/publications/ dp_25yearquagmire. pdf[2010-05-08].

69.2%,拉美裔美国人占全美毒品使用者的12.4%。这个毒品使用人数的比例也大体反映出美国各种族人口的比例分配:非洲裔美国人占人口的12.8%,美国白人占人口的66.9%,拉美裔美国人占人口的14.4%。[①] 因此,美国毒品使用者比例的分析显示,各种族毒品使用者的比例与其人口比例是相吻合的。尽管各种族的毒品使用比例与其人口比例是大体一致的,但是使用毒品的非洲裔美国人比其他种族更容易被逮捕,并且这种歧视在整个刑事司法系统中都有体现。毒品犯罪中非洲裔美国人的高逮捕率反映出目前毒品执法的重点区域仍是城区。[②] 城区中的贩毒活动主要发生在露天的毒品交易市场,然而,研究人员认为,这种容易被察觉到的毒品交易活动并不能正确反映美国毒品滥用和毒品依赖问题的全貌。[③] 事实上,单纯依靠这种极易被发现的毒品交易活动作为衡量美国不同种族中毒品使用分布比例的方法,会导致夸大地估计非洲裔美国人在美国毒品交易中的作用,并且会低估在美国中占绝大多数人口的白人在毒品交易中的作用,因为美国白人更喜欢在我们视线以外的不易被发现的封闭场所内进行毒品交易。

在刑事司法体系中,毒品犯罪中的非洲裔美国人经常遭到比其他种族更为严厉的处理。最好的证明就是关于对"快克"可卡因和粉末可卡因的量刑问题。"快克"可卡因和粉末可卡因的化学成分相同,但是"快克"可卡因在市场上的价钱相对要便宜,因此错误地认为"快克"可卡因的主要使用者是非洲裔美国人。事实上,2/3的"快克"可卡因使用者是美国白人和拉美裔美国人。[④] 然而,因"快克"可卡因犯

---

① Mauer Marc, King Ryan, A 25-Year Quagmire: The War on Drugs and Its Impact on American Society,参见 http://www.sentencingproject.org/doc/publications/ dp_25yearquagmire.pdf[2010-05-08].

② Leonard Saxe, Charles Kadushin, Andrew Beveridge, et al., The Visibility of Illicit Drugs: Implications for Community-Based Drug Control Strategies, *American Journal of Public Health*, 2001, 91(12): 1987-1994.

③ Leonard Saxe, Charles Kadushin, Andrew Beveridge, et al., The Visibility of Illicit Drugs: Implications for Community-Based Drug Control Strategies, *American Journal of Public Health*, 2001, 91(12): 1990.

④ Mauer Marc, King Ryan, A 25-Year Quagmire: The War on Drugs and Its Impact on American Society,参见 http://www.sentencingproject.org/doc/publications/ dp_25yearquagmire.pdf[2010-05-08].

罪被联邦法院定罪量刑人员的82%却是非洲裔美国人。[①] 据有关证据显示,大多数毒品使用者会从他们本种族内部的贩毒人员手中购买毒品。[②] 因此,联邦法庭系统中的非洲裔美国人的案件流程反映了执法中的种族区别对待模式。联邦法律和一些州法律中,因为“快克”可卡因犯罪比因为粉末可卡因犯罪量刑上要严厉很多,这样会造成情形相同的贩卖“快克”可卡因和贩卖粉末可卡因的罪犯得到相差悬殊的量刑。目前,非洲裔美国人因为毒品犯罪在联邦司法系统中服刑的平均时间(58.7个月)几乎相当于美国白人因为暴力犯罪服刑的平均时间(61.7个月)。[③] 1994年到2003年间,非洲裔美国人因为毒品犯罪服刑的平均时间增长了62%,而相应的时间内美国白人只增长了17%。[④] 来自美国量刑委员会的数据显示,2006年因“快克”可卡因犯罪的被告人平均量刑是122个月,而因粉末可卡因犯罪的被告人平均量刑是85个月。[⑤] 由于有关毒品量刑法律的目标指向是非洲裔美国人,导致成百上千的非洲裔美国青年男女被关进监狱。毒品犯罪执法实践和毒品量刑法律,造成低收入黑色人种成为主要打击目标,这给黑色人种带来了灾难性后果。不过,令人振奋的是,美国于2010年通过了关于“快克”可卡因的量刑修改法案。2010年8月3日,美国总统奥巴马签署了《2010公平量刑法案》(Fair Sentencing Act),将最低判处5年监禁刑的“快克”可卡因持有量由5克提高为28克;将最低判处10年监禁刑的“快克”可卡因持有量由50克提高为280克。相同条件下,粉末可卡因量刑的持有量没变,仍然分别是500克和5 000克。因此,“快克”可卡因和粉末可卡因的量刑差距由原来的100:1缩小到了18:1。这是在毒品量刑上为缓解种族歧视而做出的明智之举,

---

① Mauer Marc, King Ryan, A 25-Year Quagmire: The War on Drugs and Its Impact on American Society,参见 http://www.sentencingproject.org/doc/publications/ dp_25yearquagmire.pdf[2010-05-08].

② Riley Jack, Crack, Powder Cocaine, and Heroin: Drug Purchase and Use Patterns in Six Cities, *National Institute of Justice*, 1997(12): 1.

③ Mauer Marc, King Ryan, A 25-Year Quagmire: The War on Drugs and Its Impact on American Society,参见 http://www.sentencingproject.org/doc/publications/ dp_25yearquagmire.pdf[2010-05-08].

④ Ibid.

⑤ Ibid.

我们期待美国政府为“快克”可卡因和粉末可卡因的量刑差距继续缩小作出努力。

三、失业率

在美国，失业率在4.5%以下就被认为是充分就业。20世纪80年代，美国的失业率年平均值在6.56%。1980年至今，美国只有1998年、1999年、2000年这三年失业率低于4.5%。美国失业人数一般在800万人到1 000万人之间。经济衰退以来，美国的失业率一直在10%左右徘徊，失业人数高达1 390万人。虽然美国有比较好的失业救济和保障机制，但失业带来的自杀、精神病、离婚、犯罪等社会问题仍然不可小觑。在失业大军中，被释放的囚犯失业率更高。一直以来，与德国、法国等欧洲国家相比，美国的失业率总体水平还是低的。对此，英国《独立报》2002年7月12日发表专评，指出美国庞大的年轻男性监狱人口，大致正好相当于美国与德、法等国之间的失业率差。换言之，美国之所以没有欧洲那么高的失业率，是因为相应比例的“失业大军”都待在监狱里。[①] 囚犯战争竟然在欧美失业率的角逐中扮演了如此巧合的角色，这倒是值得我们认真研究的问题。

第三节　经济影响

一、财政负担

英国学者乔治·B.沃尔德(George B. Vold)曾经指出：在刑罚实践中，监禁刑作为一种最为普遍的刑罚方法被普遍接受……但是监狱却是一个异常昂贵的机构——修建、维持和运作需要花费大量财富。[②] 20世纪60年代之前，联邦用于打击犯罪的开支相对来说很少。60年代以后，街头犯罪、民权运动、警察为控制公共无序状态所做出的反应成为焦点。那时，人们对街头犯罪恐惧感的上升速度比犯罪率的上升

---

① 参见刘力：《美国监狱人口全球第一》，载《天涯》2003年第2期，第191页。

② Vold George, *Theoretical Criminology*, Oxford: Oxford University Press, 1958: 286.

速度要快得多。[①] 政客们利用这种恐惧感加强刑事司法建设，人力资源和财力资源也从其他项目不断转入打击犯罪的斗争中来。根据有关部门的估计，美国庞大的监禁人口平均每年约需花费300多亿美元，这个昂贵的代价已经促使州和联邦政府寄希望于大力发展私营企业来帮助管理刑事执法体系。[②]

美国、各州及哥伦比亚特区矫正经费分布情况见表3-5。

表3-5[③]　美国、各州及哥伦比亚特区矫正机构经费数额

	2008年矫正机构经费（单位：百万美元）		2008年矫正机构经费（单位：百万美元）
美国	51 996	俄亥俄州	2 035
华盛顿州	1 159	密歇根州	2 343
俄勒冈州	835	缅因州	157
加利福尼亚州	9 802	新罕布什尔州	106
内华达州	385	佛蒙特州	131
爱达荷州	244	马萨诸塞州	1 244
犹他州	354	罗德岛州	199
亚利桑那州	1 026	康涅狄格州	706
新墨西哥州	291	新泽西州	1 666
科罗拉多州	750	特拉华州	269
怀俄明州	1	马里兰州	1 297
蒙大拿州	168	哥伦比亚特区	N/A
北达科他州	72	纽约州	3 369
南达科他州	100	宾夕法尼亚州	1 975
内布拉斯加州	222	西弗吉尼亚州	201
堪萨斯州	393	弗吉尼亚州	1 469

① Hancock, Harry W, Sharp Paul, *Public Policy*, *Crime and Criminal Justice*, 3rd ed. Essex, UK: Pearson Education LTD, 2004: 2.

② Bates E, Private Prisons, *Nation*, 1998, 266: 11-19.

③ 表3-5中的数据整理自 Interactive Map, The Sentencing Project, 参见 http://www.sentencingproject.org/map/map.cfm[2010-12-12].

（续表）

	2008 年矫正机构经费（单位：百万美元）		2008 年矫正机构经费（单位：百万美元）
俄克拉荷马州	549	肯塔基州	572
得克萨斯州	3 319	田纳西州	690
路易斯安那州	814	北卡罗来纳州	1 384
阿肯色州	393	南卡罗来纳州	629
密苏里州	613	佐治亚州	1 217
爱荷华州	417	阿拉巴马州	577
明尼苏达州	521	密西西比州	349
威斯康星州	1 217	佛罗里达州	3 080
伊利诺伊州	1 426	夏威夷州	236
印第安纳州	734	阿拉斯加州	290

美国皮尤研究中心（Pew Research Center）的调查报告指出，随着美国监狱人口的扩大，监狱方面的开支也随之增加。2007 年，各州政府在狱政方面的支出就高达 490 多亿美元；而 20 年前，这个数字是 110 亿美元。管理日益增长的囚犯人口的花费超出了许多州的预算，迫使许多州提出增加监狱财政的议案。根据 1992 年的《矫正摘要》，康涅狄格州、佛罗里达州、缅因州、伊利诺伊州和密歇根州因为缺乏资金而不能建设新的监狱，财政的缺乏同时迫使其他五个州耽搁监狱的开张和接收犯人。① 从佛罗里达州、佐治亚州、阿拉巴马州、密西西比州、路易斯安那州、得克萨斯州，这些州的监禁人口比例在全美名列前茅，几乎横贯整个美国南方各州。这些州由于狱政方面的开支太过庞大，州议员们正在审视和评估其他的犯罪控制策略和途径。② 20 世纪 90 年代末期，监狱人口已接近 200 万人，这表明美国监禁刑的使用概率比世界上任何国家都要高。有些州建设和维修监狱的数十亿美元

① 参见张鸿巍：《美国监狱管理的紧束化倾向研究》，载《河北法学》2005 年第 1 期，第 120 页。

② 参见老任：《监狱超级大国：美国牢房缘何人满为患》（http:// world. people. com. cn/GB/14549/7008418. html[2010-11-18]）。

公共开支已经超过对高等教育的投入。[①] 为了适应迅速增长的监狱人口现状并符合宪法的要求,联邦、州和地方政府开展了费用昂贵的监狱扩建工程。例如,加利福尼亚州纳税人将必须支付41亿美元去资助一个为期8年的监狱建设。在纽约州,需要建立33 458个监狱床位,建设花费超过最近30年监狱建设的投资总额,估计接近60亿美元。1990年到1994年,国家监狱容量增加了近20万个床位。1994年,联邦立法通过了关于使用79亿美元援助州监狱建设的决定。[②]

囚犯战争花光了州和地方财政用来维持监狱运行的费用。越来越明显的是,把钱花在囚犯战争上不如把钱用在其他紧需的政府服务项目上,比如高等教育和能够带来长期犯罪控制效益的复归项目上。根据美国审计总署1996的一项报告,从1980年到1994年,在押囚犯数量增长导致监狱开支逐步增加。20世纪80年代中期,美国每年囚犯人均成本高达2万美元,同期州和地方在押犯人增加了5倍,全年花费纳税人约180亿美元。对于州政府而言,监狱开支已经成为除教育和福利开支以外的第三大支出项目。[③] 2001年,全美用于监狱罪犯的开支达到了450亿美元,而在1980年只有70亿美元。20世纪90年代,全美监狱系统增加了351处监管设施和建筑。目前,佛蒙特州、密歇根州、俄勒冈州、康涅狄格州和特拉华州5个州,狱政开支和高等教育开支大致相当,甚至高于高等教育领域的开支。在各州,监禁费用的增加,直接影响了对大学和社会服务的经济资助。[④] 在加利福尼亚州,监狱开支超过了高等教育的开支,2001年监狱开支56亿美元,而高等教育开支43亿美元。从1980年以来,加利福尼亚州的监狱经费增长了571%,而12年义务教育的经费只增长了33%;警察人数增长了250%,而从事12年义务教育的教师,人数只增长了8%;罪犯人

① 参见刘艳萍:《美国刑事政策研究——以"重重轻轻"两极化的刑事政策为视角》,中国政法大学2008年论文,第124页。

② Edna McConnell Clark Foundation, Seeking Justice: Crime and Punishment in America, New York: Author, 1995.

③ 参见王廷惠:《美国监狱私有化:目标与效果分析》,载《中国行政管理》2005年第6期,第106页。

④ 参见老任:《监狱超级大国:美国牢房缘何人满为患》(http:// world.people.com.cn/GB/14549/7008418.html[2010-11-18])。

数增长了400%,而同期大学毕业生人数只增长了2.7%。[①] 从1985年到2000年,美国监狱经费的增长数额是其教育经费增长数额的6倍。考虑成本效率是刑事政策改革的一个重要原因,如若不考虑成本效率,就会产生“排挤效应”。[②] 在有限的社会资源和经济资源中,对预防和打击犯罪资源的增加,就会相对地减少对教育和其他社会福利资源的投入。由于政府财政的有限性,政策制定者正在面临抉择:是扩大监狱规模,还是提供重要的社会服务。[③]

二、执法成本

美国监狱管理局提供的数据显示,2008财政年度,美国监狱机构监禁1名犯人的日成本是70.75美元,社区矫正中心的日成本为65.25美元。相比之下,由联邦缓刑监督官监督的犯人改造的日成本仅有10.23美元。美国监狱管理局还给出了每个犯人每年的监管成本,监狱监禁成本为25 894.50美元,社区矫正中心的改造成本为23 881.50美元,缓刑监督官的监督成本为3 743.23美元,由审前管理处监督的成本为每个被告人每年2 229.30美元。[④]

据美国司法部资料统计,从20世纪70年代初到2004年,美国罪犯人数增长5倍,这使得监狱的费用成为州预算中增长最快的部分。联邦及各州政府每年对监狱的投入总计约400亿美元,囚犯人均食宿及管理支出每年约2万美元,仅每间牢房的建设费就需要10万美元左右,囚犯数的增多使一些财政并不宽裕的州更加捉襟见肘。2004年已有31个州开始削减监狱开支,联邦政府也正着手解决这一问题。[⑤] 以得克萨斯州为例,得克萨斯州政府每天在每个罪犯身上的花费已经

---

① 参见张克武:《近距离观察美国监狱》(http://wljy.changde.gov.cn/art/2007/7/10/art_9421_103768.html[2010-12-25])。

② 参见许福生:《变动时期的刑事政策》,中央警察出版社2003年版,第23页。

③ Mauer Marc, Lessons of the "Get Tough" Movement in the United States; The Sentencing Project Washington DC, International Corrections and Prison Association 6th Annual Conference. Beijing: [s. n.], 2004.

④ 参见王华业:《美国的犯人监禁成本远高于缓刑监督成本》,载《法制资讯》2009年第5期,第44—45页。

⑤ 参见张鸿巍:《美国监狱管理的紧束化倾向研究》,载《河北法学》2005年第1期,第120页。

达到 50 美元。而美国最低工资保障为每小时 5.15 美元，以每天 8 小时合法工作时间计算，也不过 41.2 美元。[①] 20 世纪 80 年代中期，美国每年囚犯人均成本已经高达 2 万美元。然而 2007 年，每个囚犯的财政开支又创新高，达到 43 300 美元，其中使用在复归项目上的资金仅仅是 2 053 美元（占 5%）。[②]

美国监狱系统的工作人员从 1982 年到 1988 年增长了两倍，员工人数增长最快的是刑事司法执法体系的雇员，1965 年刑事司法执法体系雇员是 60 万人，1993 年增长到 200 万人。1992 年，支付给全国 50 万名矫正工作者的费用总价值超过了"大众摩托"500 个公司创造的财富。[③] 美国司法统计局的数据显示，矫正机构工作人员的数量（包括缓刑和假释）在 1984 年和 1990 年期间增加了 70%，每月支付的工资总额几乎达到 13 亿美元。1979 年以前，矫正经费保持在一个适当增长的速度，1971 年为 23 亿美元、1975 年为 38 亿美元、1979 年为 60 亿美元，然而，1990 年，全国范围内的矫正经费，包括监狱建设和监狱管理以及缓刑和假释，则从 1979 年的 60 亿美元增加到 249 亿美元。[④]

第四节　法 律 影 响

一、再犯罪率

大量关于囚犯战争的研究证明，监狱拥挤导致了再犯罪率的增加。例如，20 世纪 80 年代初期，剑桥大学犯罪心理学教授大卫·法灵顿（David Farrington）和他的同事发现，监狱拥挤与监狱对英国囚犯释

---

① 参见张鸿巍：《美国监狱管理的紧束化倾向研究》，载《河北法学》2005 年第 1 期，第 120 页。

② Haney Craig, Counting Casualties in the War on Prisoners, *University of San Francisco Law Review*, 2008 (summer): 87-138，参见 http://www.supermaxed.com/NewSupermax Materials/Haney-Counting-Casualties-War-Prisoners.pdf[2010-07-12].

③ Beckett K, *Making Crime Pay: Law and Order in Contemporary American*, New York: Oxford University Press, 1997.

④ Edna McConnell Clark Foundation, *Seeking Justice: Crime and Punishment in America*, New York: Author, 1995.

放后再次犯罪的无能为力有重要联系。[①] 这种联系毫无疑问地将法灵顿引向要通过减缓监狱拥挤来增强监狱减少犯罪能力的目的。他认为，通过降低监禁率和减少刑期，监狱的有效性将会大大提升。法灵顿的研究出台几年之后，加拿大研究人员得出了相似结论，把低风险的罪犯放到拥挤且安全戒备度较高的监禁机构中会带来较高的再犯罪率。[②] 这个比率要比把低风险罪犯放到“中途者之家”的再犯罪比率高很多。因此，不能适当地把低风险罪犯从高戒备机构转移到低戒备机构（拥挤的监狱系统通常缺乏此方面的能力），事实上可能增加未来再犯罪的风险。

许多因素会影响再犯罪率，然而，监狱拥挤却始终是一个尤其严重的影响再犯罪率的因素。美国司法机构的数据可以给我们一些启示：1977 年，当加利福尼亚州监狱还或多或少地满负荷运转时，一年内的再犯罪率大约是 20%（不包括假释释放人员），两年内的再犯罪率大约是 25%。20 世纪 80 年代末期，囚犯战争全面展开之后，州监狱的人口飞涨，监狱运作已经突破了它的承受能力，矫正部门也早已放弃了任何复归主义的承诺。2004 年，许多加利福尼亚州的监狱仍然在超负荷 200% 的情况下运转，其一年内的再犯罪率大约是 40%，两年内的再犯罪率大约是 50%，这两个数据与监狱体系满负荷运转时的相应数据相比增长了 1 倍。心理学教授保罗·根德罗（Paul Gendreau）和他的同事进行了一个关于监禁、刑期和再犯罪之间关系的综合研究得出，监狱生活确实能够产生制造犯罪的效果。事实上，监狱生活时间越长，再犯罪的几率越高。[③]

---

① David Farrington, Christopher Nuttall, Prison Size, Overcrowding, Prison Violence, and Recidivism, *J. Crim. Just.*, 1980, 8: 221, 230.

② James Bonta, Motiuk Laurence, The Diversion of Incarcerated Offenders to Correctional Halfway Houses, *J. Res. Crime & Delinq.*, 1987, 24: 302, 311-312.

③ Smith Paula, et al., The Effects of Prison Sentences and Intermediate Sanctions on Recidivism: General Effects and Individual Differences, http://www.ccoso.org/library%20articles/200201_Gendreau_e.pdf[2011-01-05].

囚犯战争可能通过许多方式提升再犯罪率。① 囚犯战争除了对囚犯本身产生直接的消极影响外，有证据显示它还给囚犯的工作机会带来消极影响，监禁使囚犯长期无法工作，并且在监狱中他们不能有效获得市场化的生产技术。有犯罪前科的人比普通人失业率更高，即使找到工作，平均工资也比普通人少。② 在实际操作中，雇主会把有监禁经历的工作申请人加上标记，有了这个标记，雇主们连低工资的工作也不愿给这些人。监狱经历的记录更是某些需要特定技术和特别许可工作的合法屏障。在过去的几十年里，有空前数量的囚犯被释放，作为囚犯战争的亲身经历者，他们在返回自由社会时遭遇了严重的阻碍。除了他们在劳工市场中的妥协，还要受到不少来自法律的阻碍，包括不能参加许多被援助项目和福利住房，等等。③ 这些囚犯战争带来的消极影响都有可能导致再犯罪率的提高。

二、缓刑

囚犯战争带来美国缓刑人数的激增。联邦第四巡回区法院法官斯图尔特指出："缓刑变成了美国拥挤的监狱的泄洪口，缓刑制度正在被滥用。"纽约州高等法院法官罗斯科斯曾经很确切地描述过缓刑制度面临的困境："缓刑的司法基础被侵蚀了，公众对它的支持也减少了，缓刑的法律依据摇摆不定。缓刑官们对工作的效果和意图认识不清，同时缓刑犯也怀疑是否能从与缓刑官的联系中得到帮助。"④

首先，随着缓刑犯人数的逐年增长，缓刑官的工作量越发增大。1990 年，纽约州每个缓刑官平均要处理 75 个缓刑案件，1991 年增加

---

① Haney Craig, The Psychological Impact of Incarceration: Implications for Post-Prison Adjustment, in Prisoners, in Travis Jeremy, Waul Michelle, Once Removed: The Impact of Incarceration and Reentry on Children, Families, and Communities, http://aspe.hhs.gov/hsp/prison2home02/haney.pdf[2010-05-29].

② Bruce Western et al., The Labor Market Consequences of Incarceration, *J. Res. Crime & Delinq.*, 2001, 47: 410.

③ Marie Gottschalk, *The Prison and the Gallows: The Politics of Mass Incarceration in America*, New York: Cambridge University Press, 2006.

④ 〔美〕查尔斯·丁·林德纳：《在失败中度过百年的美国缓刑制度》，黄寒、桂亚胜译，载《犯罪研究》2000 年第 1 期，第 49 页。

到了 85 个,1992 年则达到了 103 个。现在,在一些大城市的司法辖区内,一个缓刑官每年要负责 200 个缓刑犯的现象已是习以为常。一方面,缓刑官超负荷工作,另一方面,人们又把缓刑犯在缓刑考验期间或者缓刑考验期后的再犯罪现象归咎于缓刑官的监督失职。很显然,超负荷工作的缓刑官很难切实关注到每一个缓刑犯人,同时也难以对他们进行良好的监督。芝加哥大学沃克教授尖锐地指出:"缓刑监督实际上是一个神话,监督仅仅停留在官僚机构的文件上,犯人每月与缓刑官见面一次,空泛地谈谈工作、毒品、酗酒以及犯罪等诸如此类的问题,然后由缓刑官上交一份报告,仅此而已。"

其次,缓刑犯越来越难以管理。许多缓刑机构报告说,现在监管的缓刑犯,其再犯罪率比以往监管的缓刑犯高出许多。传统上,缓刑只适用于轻罪犯,尤其是非暴力犯罪的初犯,因为人们相信他们能复归社会。在缓刑制度建立后的 50 年内,美国仅有不超过 10% 的重罪缓刑犯。例如纽约州,截至 1921 年 9 月,纽约州各级法院在 14 年中判决的重罪缓刑犯仅占全部缓刑犯的 9%。美国监禁机构囚犯的爆满,导致重罪缓刑犯的增加。许多过去必然被判处监禁的罪犯,今天却成了缓刑犯,他们之所以被从轻处理仅仅是因为监禁场所容纳不了那么多人。到了 20 世纪 80 年代,重罪缓刑犯比例越发提高。同样以纽约州为例,1984 年,纽约州重罪缓刑犯占全部缓刑犯的比例已经达到 47%;1989 年,该比例甚至提高到 54%。重罪缓刑犯的增长趋势在大城市中更为明显,比如纽约州的纽约市,1989 年,美国重罪缓刑犯占全部缓刑犯的比例约是 50%,然而纽约市的重罪缓刑犯比例则高达 70%。[①] 一项对 1986 年至 1989 年全美重罪缓刑犯再犯罪率的调查表明,在被判处 3 年缓刑的重罪缓刑犯中,有 43% 在缓刑考验期内再次被逮捕。近年来,很多研究对是否能够有效监督重罪缓刑犯提出过疑问,认为重罪缓刑犯的出现威胁到了公共安全。在缓刑考验期开始后的 40 个月内,参与调查的缓刑犯中有 65% 被再次逮捕。美国兰德公司曾对加利福尼亚州的重罪缓刑效果进行了调查。研究发现,有 65% 的重罪缓刑犯被再次逮捕,51% 的重罪缓刑犯被再次定罪(其中有

① Bruce Western et al., The Labor Market Consequences of Incarceration, *J. Res. Crime & Delinq.*, 2001, 47: 410.

18%是严重暴力犯罪),34%的重罪缓刑犯被再次监禁。[①] 重罪缓刑制度已经对美国的公共安全构成了严重威胁。另外,有不良嗜好的缓刑犯也在增加,对他们的监督同样富有挑战。研究表明,缓刑犯中的吸毒人数又创新高。纽约市缓刑局局长史迈里表达出许多城市缓刑机构的共同忧虑。史迈里局长指出,其管辖中大约有 9 000 名到 13 000 名缓刑犯使用毒品,其中的 40%左右对毒品有依赖性。

再次,美国司法当局把缓刑制度看做是廉价的监禁刑替代手段。美国刑事司法机构中,每花费 1 美元,只有 25 美分是用于社区矫正的,用到缓刑机构上的就更少,仅有 3 美分。甚至,在过去的 10 年里,在美国司法机构的预算大幅增加的情况下,对缓刑机构的投入却减少了。缓刑在美国矫正体系中最不受重视,这导致美国对缓刑机构的财政拨款不足。美国的决策者在制定刑事政策时仅把缓刑制度作为附带考虑的对象。美国缓刑官现在监督更多的是高度危险的重罪缓刑犯,缓刑机构比其他机构更迫切地需要充足的拨款。不幸的是,近年来,美国的缓刑机构不但没有得到更多的拨款,反而被大幅度地削减预算。由于面临监禁机构巨大的财政压力,不能给予社区矫正机构足够的资金,对缓刑机构更是如此。在很多地方财政部门的视野里,缓刑机构根本就是无足轻重的。国家给予缓刑机构的拨款增长速度远比不上缓刑犯的增长速度。1991 年,在美国缓刑与假释协会召开的执行委员会会议上,大约一半的代表提出,他们所在的缓刑机构已经面临财政短缺的问题。资金不足使诸如严格监督以及对性犯罪缓刑犯和吸毒者的矫正措施无法实现。更糟糕的是,现在的缓刑犯中存在大量高度危险的重罪缓刑犯,这些重罪缓刑犯需要严格的监督,而这一切都需要更多的钱。直到今天,缓刑机构的资金问题依然让人担忧。长期的资金不足会削弱缓刑监督的效果,不管是在防卫社区安全方面,还是在缓刑犯处遇方面,都不能实现缓刑制度的目标。如果再减少对已经是低效率的缓刑机构的投入,缓刑

---

① 参见〔美〕大卫・E. 杜菲:《美国矫正政策与实践》,中国人民公安大学出版社 1992 年版,第 273 页。

制度恐将自行灭亡。[①]

三、假释

囚犯战争带来了空前数量的监禁人口，同时也制造了空前数量的假释人口。现在，美国一个假释官所监管的假释犯大概比20世纪70年代多出50%，这导致假释犯每月与假释官会面只有寥寥几次。[②] 以加利福尼亚州为例，20世纪70年代，该州假释局工作人员的平均工作量大约是45个假释犯；20世纪90年代末期，假释局每个工作人员的平均工作量增加到大约80个假释犯。[③] 该州假释机构认为，这种工作量的增加降低了假释管理的质量。假释人数的激增导致美国假释当局在促进假释犯回归社会的问题上面临巨大的压力。有关研究指出，56%的假释犯在假释监督期间没有参加过任何形式的复归项目或者培训项目。[④] 大多数假释犯带着没有解决的读写问题、药物滥用问题和工作技能匮乏问题等回到社会中，然而，他们却并没有做好重返社会的准备。例如加利福尼亚州的一项调查显示，其州内的假释犯由于在假释期间没有得到适当的帮助，导致2/3的假释犯在3年内再次入狱。[⑤] 囚犯战争所带来的假释人口的激增，使美国假释机构面临着前所未有的重重危机。一组矫正专家在加利福尼亚州召开的美国假释会议上指出，美国政府要做的只能是，直面假释危机，接受囚犯战争带来的假释人口激增的挑战。

四、法律资源分配

如同生产领域的资源分配一样，法律资源也需要进行合理的分配。当社会提供给法律定量的资源以后，合理分配这些资源对于提高

---

① 参见〔美〕查尔斯·丁·林德纳：《在失败中度过百年的美国缓刑制度》，黄寒、桂亚胜译，载《犯罪研究》2000年第1期，第50页。

② 参见《美国囚犯：抹不去的耻辱》，郑诚译，载《国外社会科学文摘》2002年第11期，第48页。

③ Legislative Analyst's Office, Reforming California's Adult Parole System 6, http://www.lao.ca.gov/analysis_1998/crim_justice_crosscutting_anl98.html#_1_1[2010-11-20].

④ Ibid.

⑤ Ibid.

综合执法效果往往会起到决定性的作用。由于囚犯战争中对毒品犯罪的过分关注，导致美国法律资源分配的失衡。

首先，美国囚犯战争中毒品犯罪监禁人数的大量增加，导致美国犯罪治理资源分配不均。美国越来越多地关注轻微毒品犯罪，无疑会减少对其他类型犯罪的必要关注。佛罗里达州研究机构的成果显示，每增加逮捕一个毒品犯罪嫌疑人，重罪的犯罪率就会增加 0.7 个指数[①]；每增加逮捕 1% 的毒品犯罪嫌疑人，重罪的犯罪率就会增加 0.18%。[②] 佛罗里达州立大学经济学家发现，在 1984 年到 1989 年之间，伊利诺伊州司法人员逮捕涉嫌毒品犯罪的犯罪嫌疑人增长了 47%，涉嫌酒后驾车犯罪被逮捕的犯罪嫌疑人下降了 22.5%。[③] 对酒后驾车犯罪司法关注的减少导致该州交通事故的增加。

其次，美国囚犯战争中某些毒品犯罪法律，如《联邦财产没收法案》间接造成执法资源的不公平分配。美国国会通过的《联邦财产没收法案》规定，联邦和各州的警察机构可以控制任何与涉嫌毒品贩卖犯罪相关联的财产，无论这些毒品贩卖案中的犯罪嫌疑人最后是否因此而被定罪，警察机构甚至可以直接把这些财产用来增加执法部门的财政。截至 1994 年，地方警察机构缴获近 14 亿美元的财产[④]，其中涉及 80% 数额的案件最后并没有被定罪。[⑤]《联邦财产没收法案》这种可以把罚没资金直接存入执法机构账户的规定，使警察机构等美国执法部门把更多的精力用在了毒品执法方面。2000 年，美国国会通过了《民事资产没收改革法案》，对《联邦财产没收法案》进行了一些有益的改革。该法案规定，警察机构在没收涉嫌毒品犯罪的犯罪人财产

---

① Rasmussen David, Benson Bruce, *The Economic Anatomy of a Drug War: Criminal Justice in the Commons*, Lanham, MD: Rowman and Little Field, 1994.

② Benson Bruce, Rasmussen David, Kim Iljoong, Deterrence and Public Policy: Trade-Offs in the Allocation of Police Resources, *International Review of Law and Economics*, 1998, 18: 77-100.

③ Benson Bruce, Rasmussen David, *Illicit Drugs and Crime*, Oakland, CA: The Independent Institute, 1996: 32.

④ Eric Blumenson, Eva Nilsen, Policing for Profit: The Drug War's Hidden Economic Agenda, *University of Chicago Law Review*, 1998, 65(1): 64.

⑤ Eric Blumenson, Eva Nilsen, Policing for Profit: The Drug War's Hidden Economic Agenda, *University of Chicago Law Review*, 1998, 65(1): 77.

时，由原来的“合理根据”证据原则改变为现在的“优势证据”原则，并且没收的财产必须与该犯罪活动相关联。此外，证明主体发生了改变，原来的标准是罚没财产拥有者承担此财产不是犯罪行为附属产品的证明责任，然而，现在规定警察机构需要承担罚没财产与该毒品犯罪相关的证明责任。尽管如此，一项研究表明，在允许留用涉毒犯罪罚没财产的执法机构中，涉嫌毒品犯罪的犯罪人逮捕率仍然持上升趋势，上升了18%，涉嫌毒品犯罪的逮捕人数占逮捕总人数的比率同时增长了20%。[①]

第五节 文化影响

当囚犯战争持续了相当长的一段时间之后，人们有可能变得习惯于这种状态，并将其视为常态。战争期间的态度和方式逐渐被固定下来，人们就会自觉不自觉地将其视为自然的法则。对“敌人”的仇恨，使人们与囚犯之间形成了简单的对立关系，并与其他相关思想和行为一起形成了无法摆脱的梦魇。持久的战争改变了社会发挥功能的方式，影响了人们与囚犯之间的交往，改变了人们所应担负的公民责任。长达几十年的囚犯战争无意中产生了许多类似的影响，一般人很自然地把囚犯看成是应该猛烈打击的国家敌人，因而期望政治家们能够并且也应该通过增加惩罚来治理犯罪。选举的官员也很少有人敢于赞成使用其他处理犯罪的方法。从20世纪70年代中期开始，政治气候变得越来越被激进和惩罚所主导，法律制定者热衷于增加监禁痛苦，而不是寻求通过社会和经济等方面的作为来控制犯罪的政策。以惩罚为导向成为囚犯战争的主要特征，监禁率增加、监狱拥挤似乎成为必要手段。公民被社会化，他们开始习惯于敌对的和激进的刑事司法实践。从一个更深层次的角度来看，囚犯战争改变了人们关于囚犯治理的价值体系，即把囚犯看成是国内长期犯罪战争的敌人。量刑项目(The Sentencing Project)执行主任马克·莫尔(Marc Mauer)曾作出这样的警告：“过度监禁将可能变成社会的日常规范，公正、公平和资源

---

① Mast Brent, Benson Bruce, Rasmussen David, Entrepreneurial Police and Drug Enforcement Policy, *Public Choice*, 2000, 104(3): 285-308.

享用等权利问题都将可能被通过这种迄今为止闻所未闻的方式所改变。”[①]

美国监狱系统扩张、监狱相关工业大量增加，对美国社会深层结构产生了重大影响：一个新的社会秩序悄悄建立，一个以社会福利为导向的国家正在逐步转向一个以社会控制为中心的国家。一个刑事司法思想，或者是一种可以被称为“监狱意识”的思想，已经植根于许多民众的内心，并早已体现在许多监狱规范和实践中。几乎整个社会的信仰都在发生改变，无论在公共领域还是私人领域，人们之间的互动关系也在改变，越来越多的人抱有试图通过惩罚来控制其他人的思想，很显然，这种思想威胁到了人类社会关系和行为方式。在美国现实生活中相关的场景比比皆是：城镇学校金属检测器的使用越来越普遍；容许教师在教室里以隐藏方式携带武器作为安全保障；社区警察愈发军事化；提示社区中有性犯罪前科居民地址的网上地图流行；有关网络提倡观众加入打击犯罪活动，提供网络和电话支招热线，保持网络滚动条告诉人们哪些逃犯需要协助抓捕；电视网络节目邀请观众参加“抢热狗、体验国家最著名的监狱生活活动”[②]；网络电视最高收视率的电视系列剧“CSI：犯罪现场调查”，提供一种观众可以参加互动的犯罪实验室，参加在线训练和测试技术[③]；在华盛顿州建立“犯罪与惩罚国家博物馆”，让参观者体验违法和提供其他博物馆所不能提供的互动体验——允许参观者体验国家执法人员的工作；等等。通过这样或者那样的诸多方式，美国流行文化已经发生改变，囚犯战争促成了这种流行文化的改变，惩罚、监狱规范和实践逐渐融入了大社会环境下的日常生活中。

大量的无所不在的关于刑事司法规范、价值和观点的描写成为社会主流。观众也习惯于把监狱看成合乎规范的模式，把监狱实践看成

---

① Chesney Lind Meda, Mauer Marc, *Invisible Punishment: The Collateral Consequences of Mass Imprisonment*, New York: The New Press, 2003: 2.

② Memorial Day Doc Block Marathon, 参见 http://www.msnbc.msn.com/id/24792326 [2010-08-06].

③ CSI, Crime Scene Investigation, 参见 http:// www.cbs.com/primetime/csi/[2010-08-06].

不仅是合法而且是令人振奋的事情。[①] 新媒体不仅把刑事司法高度商业化和广泛利用化，还把它作为供人分享的东西。许多公众已经不满足于只是静坐观看，而是要求更多的参与。整体规模的监狱工业，对政治体系的注入和影响，以及与犯罪、惩罚相关的大量媒体困扰混合在一起共同制造了监狱意识，使越来越多的人被矫正思想所包围，这足以影响到他们日常的社会关系。

罗伯茨教授注意到，“社区生活中的监狱规范化”反映出大量监禁广泛地影响了社会规范。她认为监狱开始变成“许多非洲裔美国人群体的关键性社会机构”，并且矫正设施现在已经成为许多非洲裔美国人社会化过程的一部分。许多人原来不喜欢接触有关监禁的活动，现在已经习惯于参加多种多样的刑事司法活动，并认同执法部门及其所实施的规范和实践。监狱的爆炸性增长带来了监狱文化的流行，也使得越来越多的人每天都需要与监狱接触，包括监狱雇员、囚犯和他们的家属。由于日复一日的接触，越来越多的人已经习惯于和麻木于监狱体系：把大量人口与社会隔离、剥夺权利和监禁起来，只是为了惩罚他们，并造成一种既成事实，不再觉得有什么问题。囚犯战争还造就了大量经济上依赖监狱工业的社区，许多城镇依赖监狱工业的产品和服务，为数不少的居民依赖监狱工业来谋生。监狱工业本身已经被规范化和程序化，同时又成为独立于治理犯罪的经济基础。

20 世纪后期美国在囚犯战争的道路上越走越远，甚至形成了所谓的惩罚过程民主化运动。保守派犯罪学家约翰·迪路莱（John Dilulio）是这种思想的倡导者，并直接促成了这场运动。在呈给美国司法部的一份政策文件中，迪路莱堂而皇之地表明了他的观点：市民是司法的“合作者”。他的意思是，普通的市民不仅拥有参与刑事司法的权利和责任，还应该为他们社区中的犯罪及其严重程度负主要责任。[②] 按照迪路莱的观点，广大公众不仅要适应囚犯战争，还要参与囚犯战争。很显然，在参与过程中，公众对于囚犯最起码的宽容和理解都将

---

① Sherwin Richard, *When the Law Goes Pop: The Vanishing Line between Law and Popular Culture*, Chicago: University of Chicago Press, 2002.

② Dilulio John, Rethinking the Criminal Justice System: Toward a New Paradigm, *Performance Measures for the Criminal Justice System*, 1993(1): 8-9, http://www.jrsa.org/evaluation-website/guide/documents/rethinking_the_criminal_justice_.htm.

丧失殆尽,囚犯战争从而获得了更为广泛的公众基础,而使那些试图改变的努力变得更加困难。

本章小结

本章中笔者首先分析了囚犯战争的个体影响,这包括对囚犯本身和对囚犯家庭的影响,然后分析了囚犯战争对美国政治、经济、法律和文化的影响。通过这些分析我们可以看到,囚犯战争对美国社会的影响是全面的、深刻的。

其一,个体影响。囚犯战争除了给囚犯本身带来疾病问题、心理问题、暴力问题和闲散问题等,还给囚犯家庭、邻里和社会带来了巨大伤害,它破坏了人际关系和社会关系,增加了家庭和邻里间的不稳定性,破坏了社区规范。

其二,政治影响。囚犯战争使470万美国人暂时或者永久被剥夺了选举权,占美国人口的2.3%,140万非洲裔美国人被剥夺选举权。根据目前的监禁率,下一代非洲裔美国人的3/10将在他们生命中的某段时间被剥夺选举权。在那些剥夺刑满释放前重罪犯选举权的州里,40%的非洲裔美国人可能被永久剥夺选举权。囚犯战争使种族问题加剧。非洲裔美国人被监禁的可能性是白人的8倍。2006年,非洲裔美国男性的监禁率达到令人震惊的每10万人中有3 042人被监禁,是白人男性监禁率的6倍以上。在美国,任何地方也不可能像监狱一样,种族问题极端紧张,种族冲突频繁发生。非洲裔美国人占美国毒品使用者的14%,却占因毒品犯罪被监禁的州监狱囚犯的56%。毒品犯罪执法实践和毒品量刑法律,给美国黑色人种带来了灾难性后果。

其三,经济影响。囚犯战争使美国财政负担加重、执法成本提高。20世纪70年代初期至今,美国罪犯人数增长了5倍;1965年刑事司法执法体系雇员是60万人,1993年增加到200万人。2007年,各州政府在狱政方面的支出就高达490多亿美元。对于州政府而言,监狱开支已经成为除教育和福利开支以外的第三大支出项目。由于政府财政的有限性,政策制定者正在面临抉择:是扩大监狱规模,还是提供重要的社会服务。

其四,法律影响。囚犯战争导致再犯罪率的提高。例如加利福尼亚州,1977年,再犯罪率大约是25%;20世纪80年代末期,再犯罪率超过60%。囚犯战争造成缓刑制度的滥用,监狱超负荷运转,导致重罪缓刑犯人数的激增。囚犯战争带来了空前数量的监狱人口,同时也造成了空前数量的假释人口。空前数量的假释人口使假释管理质量降低,导致大量假释犯再次入狱。囚犯战争使法律资源分配失衡,美国存在毒品犯罪治理资源分割其他犯罪治理资源的问题。

其五,文化影响。囚犯战争使美国文化发生扭曲,改变了社会发挥功能的方式,影响了人们之间的交往,改变了人们所应担负的公民责任。一个以社会福利为导向的国家正在逐步转向为一个以社会控制为中心的国家。大量的无所不在的关于刑事司法规范和价值的讨论成为社会主流。20世纪后期甚至形成了所谓的惩罚过程民主化运动,囚犯战争从而获得了更为广泛的公众基础,而使那些试图改变的努力变得更加困难。

第四章　美国囚犯战争的原因

美国囚犯战争形成的原因是错综复杂的，但我们只要抓住它的主要矛盾，采用层层剥笋的方法，就能找到解决问题的路径。美国社会基本矛盾深化，甚至某些矛盾激化，加上一些新矛盾的出现，是囚犯战争深层的根本原因。这些矛盾引起犯罪率上升，从而导致社会反响强烈，是囚犯战争直接的诱发原因。如何认识高犯罪率，以及采用什么手段来解决，这是囚犯战争主观方面的重要原因。

第一节　根 本 原 因

美国是非常特殊的国家，虽然只有 200 多年的历史，但国土、人口等均处在世界前列，尤其是经济、科技、军事等更是处在世界最前列，美国的发展可以说是近现代人类社会发展的奇迹。然而，在这奇迹的背后，美国社会仍然充满了各种各样的矛盾，美国正是在解决这些矛盾当中创造奇迹的。美国社会的主要矛盾有移民问题、种族问题、贫富问题、毒品问题以及其他问题。这些问题不仅具有深远的历史影响，而且影响甚至左右着美国人的现实生活，成为美国囚犯战争更为深刻的根本原因。

一、移民问题

美国有史以来，一直是一个移民国家。到目前为止，土著美国人虽然拥有 562 个印第安部落，分布在近 50 个州，但在美国他们早已成了名副其实的少数民族。在欧洲移民当中，英国及爱尔兰人来得最早，人数也最多，1780 年他们曾经占到美国总人口的 3/4。随后来到的有西班牙、葡萄牙、法国、荷兰、德国、瑞典等国人。大家熟知的非洲移民，根据美国人口普查局资料，到 2001 年时已经达到近 3 500 万人，占当时美国总人口的12.9%。拉丁美洲移民主要来自墨西哥、波多黎各、萨尔瓦多、多米尼加、哥伦比亚、古巴等国，到2000年已经超过2 700多万人。亚洲移民来自中国、日本、印度、巴基斯坦、菲律宾、朝鲜等国。这些来自世界各地的移民，其文化、宗教等各方面的差异是可想而知的，尽管美国有最宽容的文化氛围，以及最完备的法律制度，但其中潜在的不安定因素是难以消除的。目前，移民人口中增长率最高的是拉美裔移民，2005年拉美裔人口比例为14%，预计2050年将扩大至29%。据推测，美国总统选举活动中，拉美裔居民所表现出的政治影响力将不断扩大，并因此而推进社会结构的变化。美国调查机构皮尤研究中心预测，2005年美国人口为2.96亿人，按照现在的增长速度，2050年将达到4.38亿人。在新增加的约1.42亿人口中，新移民及其后代将占八成以上。与急剧增长的移民人口相比，白人的人口增长率较低。2005年白人人口比例为67%，预计2050年将降至47%。届时黑人人口比例将达到13%，亚裔人口比例则将增加4% ~ 9%。美国移民问题还表现为非法移民问题。2000年以来的10多年中，非法移民平均每年就有40万人以上涌进美国，仅2005年美国联邦机构就逮捕了70多万名非法移民，2009年前三个季度就驱逐了12.7万名“犯罪移民”。据可靠估算，美国现有非法移民超过1 200万人。非法移民使美国毒品问题更加严重，失业问题更加复杂，贫富差距更加明显，走私人口更加猖獗……移民与反移民冲突不断，甚至经常酿成国际纷争。美国与墨西哥围绕着移民问题恩怨不断，难解难分，墨西哥总统无奈地感叹，可怜的墨西哥，离上帝太远，离美国太近。美国在享受移民带来的社会发展的巨大动力的同时，不得不吞下移民问题这颗苦果。不要说合法移民带来的诸多社会问题，仅仅解决非法移民问题本身就已经让美国政府伤透了脑筋。移民问题过去是、现在是、将来仍然是美国社会最基本的主要问题。

二、种族问题

在美国，种族问题可以说由来已久，虽然围绕“黑奴”所发生的暴风骤雨已经成为历史，虽然围绕“我的梦想”所发生的激烈对抗也已经成为过去，虽然有色人种乃至黑人都有可能成为医生、教授、政府官员，但在美国的现实生活中，到处都可以清楚地感觉到种族问题的存在。美国是一个言论自由的国家,从人们的日常对话、出版物、电视广播,一直到国会开会,到处都能听到种族对抗的言论,甚至只有1/4黑人血统的奥巴马在竞选总统时也不得不专门针对种族问题发表演说。以2005年为例,美国白人每10万人中有412人被监禁,美国黑人每10万人中有2 290人被监禁,美国拉美裔人每10万人中有742人被监禁。主要问题不在于黑人的犯罪率有多高,而在于黑人、全体黑人的生存状态怎样,并由此产生的心理状态怎样,这两者是不能倒置的,否则问题只能越来越严重。据共同社报道,按照美国现在的移民速度和方式,白人在美国人口中所占的比例将越来越小。美国白人数量,2005年时约占总人口的七成,2050年时这一比例将不足50%,在未来50年左右的时期内可能沦为少数民族。美国种族矛盾的形式不知道会因此而悄悄发生怎样的变化,但有一点可以肯定,美国的种族问题在很长一个历史时期内是不会从根本上得到解决的。

三、贫富问题

20世纪80年代美国经济迅速发展,社会财富不断增长,但是"富人更富、穷人进监狱"①的现象并没有从根本上改变。美国最富有人的财富近年来迅速膨胀,贫富差距越来越大。据统计,最富有的1%的人占2005年美国全部国民收入的比率由2004年的19%增加到了21.2%,而处于美国下层50%的人占全部国民收入的比率由2004年的13.4%降到了12.8%。② 美国政府为缩小贫富差距做了许多努力,但美国的贫富差距还是很大。据美国人口普查局2007年8月公布的统计数据,到2006年年底,美国贫困人口的比率为12.3%,即有3 650万人、770万个家庭生活在贫困中,几乎相当于每8个美国人中就有一人生活在贫困中。密西西比州的贫困率高达21.1%。美国主要城市的贫困率为16.1%,都市之外贫困率为15.2%,南部区贫困率为13.8%。华盛顿哥伦比亚特区为19.8%,几乎每5人中就有一人生活在贫困中。据估计,2007年,全美无家可归者约为75万人。洛杉矶县

① Reiman J, *The Rich Get Richer, the Poor Get Prison*, New York: Mac Millan, 1990.

② 参见国务院新闻办公室:《2007年美国的人权纪录》,载《人民日报》2008年3月14日。

有73 000多人无家可归，菲尼克斯市有7 000人至1万人无家可归，新奥尔良有12 000人无家可归，加利福尼亚州有近5万退伍军人露宿街头。[①] 尽管美国的贫困标准与其他国家有所不同，但这仍然是美国社会不稳定的主要因素。而且美国与欧美其他发达国家经济制度的最大差别，无过于社会福利制度。在发达国家中，美国的社会福利最为薄弱。借用英国《卫报》的评语，所谓美国模式是“要么苦干，要么饿死”。美国的激烈竞争制度和低福利保障，创造了世界上最有效率的经济体系。美国低福利保障的另一结果是美国的失业率远比欧洲国家低。可是这一表面上的低失业率，又隐藏了美国高效率体制的另一社会代价：高度贫富差距和社会不平等造成的高犯罪率，以及因此导致的大量监狱人口。除其他因素之外，美国的低社会福利制度无疑是这一高犯罪率的根源之一。美国的低社会福利制度，使得被释放的犯人很难获得自新之路，没有合法谋生之道，结果是释放3年后被再次逮捕的多达2/3[②]，这更加剧了监狱的爆满。

四、毒品问题

美国是全世界毒品问题最严重的国家。根据国际卫生组织提供的报告显示，美国有7 200万人曾经吸食过毒品。根据美国联邦政府提供的统计数字，20世纪80年代及90年代美国吸毒人数就已经稳定在4 000万人左右。仅大麻、可卡因、海洛因三种毒品，美国年销售量就高达约1.5万吨。90年代克林顿政府承认美国毒品年消费量占世界总消费量的1/2，从此，美国政府为了打击毒品走私、控制毒品泛滥，每年都要拨专款150—200亿美元。美国治疗吸毒者这一项开支每年就达到600亿美元。美国毒品泛滥，除了地理原因，还有更为复杂的社会原因，个人权利和自由的扩张，社会矛盾和分裂的加深，导致美国在打击毒品犯罪上困难重重。截至2015年，美国仍有相当数量的人主张吸毒合法化。美国司法部统计数字显示，联邦监狱中关押的罪犯，吸毒者占73%，州监狱中关押的罪犯，吸毒者占83%。在美国，毒

---

① 参见国务院新闻办公室：《2007年美国的人权纪录》，载《人民日报》2008年3月14日。

② 参见刘力：《美国监狱人口全球第一》，载《天涯》2003年第2期，第190—191页。

品战争将是一场旷日持久的、全面的、带有强烈国际色彩的、艰难的战争。

五、其他问题

随着工业化的进程,给美国带来了许多新的社会矛盾,城市问题、资源问题、环保问题、经济危机、就业问题、医保问题接踵而至。为了解决这些问题,尽量创造和谐有序的社会生活,美国不得不制定一系列严密的、深入生活各个层面的法律。这些法律反过来又束缚了人们的手脚,人们动辄触犯法律,为了适应法律的要求,人们被动地形成了“不问是非,只问是否违法”的观念,并进而带来新的道德问题、教育问题、文化问题。囚犯战争不仅是美国解决这些矛盾所采取的一种强硬手段,同时也是美国解决这些矛盾所带来的新的社会问题。

第二节 诱发原因

一、犯罪率

20 世纪 60 年代以后美国犯罪率开始急剧上升,犯罪成了美国最重要的政治问题,成了公众关注的焦点,这种状态一直延续到 80 年代。一般而言,当犯罪率呈现下降趋势时,刑罚哲学往往趋向预防;相反,当犯罪率呈现急剧上升趋势时,刑罚哲学往往趋向惩罚。美国 20 世纪 30 年代到 60 年代,犯罪率出现下降趋势,矫正理念趋于缓和,刑罚哲学趋向预防。[①] 但是 60 年代以后,犯罪率开始急剧上升,促使社会再次转向惩罚理念,从而带来了美国的高监禁率现状。

美国高犯罪率导致高监禁率似乎是自然而然的事情,但“监狱真实成本”组织负责人纳赫仁斯认为,许多罪犯可能本来就不值得关进监狱。纳赫仁斯指出:在加利福尼亚州和全国各地监狱中,成千上万人被关的原因只是因为从事了一些非暴力性犯罪活动,例如私自拥有

---

① 参见吴宗宪:《当代西方监狱学若干问题述评》,载《犯罪与改造研究》2003 年第 1 期,第 13—23 页。

毒品、少量贩毒、非暴力偷盗等行为，有的只是因为写了一张空头支票。他说："以往情况并不总是这样，直到20世纪60年代末70年代初，美国监狱关押人数才开始不断攀升。""公共安全行动项目"主任亚当·格尔伯说：监狱囚犯增加并不完全是因为犯罪率上升了，事实上，那是过于严厉的量刑政策以及更加严格的释放标准所导致的结果。[①] 看来，高犯罪率确是高监禁率的诱因，但更重要的是人们怎样认识、如何控制高犯罪率。

美国监狱爆满的另一个原因是再犯罪人员较多。有关调查发现，美国各州60%的囚犯关押在100英里以外的地方，探视很不方便，长期与家人以及社会隔离，无形中加大了再次犯罪、再次入监的可能。据统计，约有2/3的囚犯获释后在3年内会再次犯罪，其中40%会重返监狱。[②] 美国每年有30多万名囚犯被释放，其中67.5%在3年内再次入狱。[③]

二、监禁率与犯罪率

有人认为，美国增加使用监禁刑，犯罪率会随之降低。[④] 有人则认为，大量使用监禁刑并不会给美国犯罪率带来多大影响。[⑤] 前者认为90年代犯罪率下降是监禁率富有意义的增长带来的，他们强调联邦系统采用的严酷量刑规则和严格释放政策是最有力的降低犯罪率的手段。90年代联邦系统的强制最低量刑期限、联邦量刑指南和假释的废除共同创造了一个极为残酷的刑罚体系。司法部支持这种"严打"做法，并且宣称"严厉的量刑意味着更少的犯罪"和"联邦量刑指南通过运用刑事量刑把暴力罪犯关押并施以惩罚进而阻止他们再犯罪的方

---

① 参见老任：《监狱超级大国：美国牢房缘何人满为患》(http://world.people.com.cn/GB/14549/7008418.html[2010-11-18])。

② 参见王志亮：《美国监狱囚犯的人权状况》，载《法治论丛》2010年第2期，第130页。

③ 参见张克武：《近距离观察美国监狱》(http://wljy.changde.gov.cn/art/2007/7/10/art_9421_103768.html[2010-12-25])。

④ See Blumstein Alfred, Crime and Public Policy, in Wilson James, Petersilia Joan, *Crime: Public Policies for Crime Control*. *Richmond*, CA: ICS Press, 2002: 451-458.

⑤ Ibid., p.543.

法,可以达到减少犯罪的目的”。[①]

90 年代监禁率上升和犯罪率下降都是事实,但我们需要评估监禁率提高在控制犯罪上到底起了怎样的作用。监禁率与犯罪率的关系是复杂的,研究者们曾经想尽办法要给监禁刑对减少犯罪的作用一个准确的定量,然而,这项研究给研究者提出了太多的挑战,包括:区分州和国家的趋势;区分犯罪与受害;评估多种多样的时间框架;等等。除了监禁率,学者们发现了其他一些影响犯罪率的因素:整体经济形势、失业率、年龄、人口分布、毒品滥用、地理变化等。要从众多因素中区分出监禁率所起的作用并给以量化,显然是不现实的。

对于 90 年代犯罪率下降的问题曾经有过大量讨论和推测,然而大多数看法都存在把监禁率和犯罪率之间的关系简单化的问题。从一个较为全面的角度来看,评估它们的关系需要考虑从 1972 年开始的监禁率空前增长的状况。1972 年,美国监狱和看守所中的全部在押囚犯大约 33 万人,2004 年增长了 5 倍,达到 210 万人。伴随着过去 30 年里监禁人数的激增,的确是犯罪率的锐减。但是,再以 1984 年到 1998 年这 14 年为例:1984 年到 1991 年监禁率增长 65%,犯罪率增长 17%;1991 年到 1998 年监禁率增长 47%,犯罪率减少 22%。[②] 我们可以清楚地看到两者既有相一致的趋势,也有相抵牾的走向。下面,我们换一个角度来看这个问题:得克萨斯州监禁率增长 144%,犯罪率下降 35%;佛罗里达州监禁率增长 52%,犯罪率下降 36%;纽约州监禁率增长 24%,犯罪率下降 43%。[③] 50 个州监禁率和犯罪率之间的关系变化揭示出监禁率增长和犯罪率下降之间并没有必然的一致性联系。这种无论在时间上还是在空间上并不一致的走势,并不代表监禁率对犯罪率没有影响,而是告诉我们提高监禁率并不总是对减少犯罪有一致性的积极影响,因为其他因素也在深刻地影响着犯罪率的走势。当美国正在庆祝犯罪率达到 40 年来最低点时,我们应该清醒地意识到监狱人口(不包括看守所中羁押的人口)却增长了超过 100 万人,而此

---

① King Ryan, Mauer Marc, Young Malcolm, Incarceration and Crime: A Complex Relationship,参见 http://www.sentencingproject.org/doc/publications/inc_iandc_complex.pdf[2010-07-24].

② Ibid.

③ Ibid.

时，犯罪率只不过和40年前相仿罢了。[①] 同样的犯罪率，悬殊的监禁率，这多出的100多万人，意味着巨大的社会成本和经济成本。

三、社区矫正的滥用

社区矫正无疑代表了未来的一个方向，但它的适用是有条件的，脱离这些条件，夸大社区矫正的作用也会带来严重的后果。20世纪上半叶，刑事实证学派倡导的矫正刑在西方国家蓬勃兴起。到60年代，矫正刑的功效在美国已经被不恰当地夸大了。到70年代，社区矫正发展过于迅猛，一度甚至出现了“只要在社区中找到一块落脚之地，你就能搞社区矫正”[②]的现象。社区矫正一方面轰轰烈烈，另一方面又落实不力。“许多社区不愿接受这种任务，这给矫正部门设立居住方案造成了很多困难”，“我们的计划十有八九不能实现”。[③] 然而，美国总统执法和司法委员会矫正特别工作组还建议对除顽固不化的惯犯之外的所有罪犯，实行以社会为基础的矫正。[④] 不定期刑和假释逐渐被滥用，刑罚的惩罚性过分减弱。矫正刑被赋予过分的期望：所有的罪犯都是可以矫正的，所有的罪犯都能复归社会。一些重刑犯、危险分子也被推向社区服刑，这使社区矫正赖以生存的社区基础发生动摇。在实施释前训练、教育释放、劳动释放、休假探亲等制度时，由于分类与管理不当，为数不少的进行社区矫正的罪犯再次犯罪，公众的拥护很快变成了公众的抵制，社区矫正迅速失去了群众基础。[⑤] “把犯人放在社区里的放纵方法遭到越来越多的反对。”[⑥]“居住方案和假释受到许多指责，重返社会方案在整个国家正以惊人的速度减少。许

---

① Tonry M, *Malign Neglect: Race, Crime, and Punishment in America*, New York: Oxford University Press, 1995: 22-23.

② 〔美〕克莱门斯·巴特勒斯：《罪犯矫正概述》，龙学群译，群众出版社1987年版，第57页。

③ 同上注。

④ 同上书，第27页。

⑤ 参见储槐植：《外国监狱制度概要》，法律出版社2000年版，第21页。

⑥ 〔美〕克莱门斯·巴特勒斯：《罪犯矫正概述》，龙学群译，群众出版社1987年版，第57页。

多州选择了把犯人逐出街道并投入监狱的做法。"[①]根据美国矫正专家克莱门斯·巴特勒斯的分析：将危害性和危险性较大的暴力罪犯放回社区，缺乏严格的监督，致使再犯罪率提高、社区安全感丧失、容易激起民愤。[②] 各方面的怀疑、批评与指责越来越多：社区矫正计划并不比监狱更有效。社区矫正的滥用为监禁刑的扩张提供了理由。

由于存在着滥用，对缓刑和假释的自行处断，以及不定期刑的任意性，法官在判决中量刑差距悬殊，更新和监督工作失效，对罪犯的服务又不能充分保障等，社区矫正几乎归于失败。[③] 美国社区矫正的危机除了人员和资金不足等方面的因素之外，矫正论哲学基础所固有的缺陷应该是其主要原因。"刑罚应当仁慈，但不等于仁慈，因为刑罚以严厉的惩罚性和痛苦性为本质。"[④]

第三节　理论原因

一、犯罪学的落寞

犯罪学诞生之前，对犯罪的认识是肤浅的，对罪犯的处置是简单的。19 世纪中后期，作为对犯罪现象进行科学研究的犯罪学的产生，开始了对犯罪现象规律性的探索。尽管人们对犯罪学的研究对象以及它的基本概念都存有争议，但是作为一种科学理论方法和方向，在指引人们对犯罪现象进行科学研究，尤其是在把犯罪原因作为核心问题探讨的过程中，已经取得了空前的成果，对犯罪现象的认识有了历史性突破，发现了一些犯罪现象的规律，例如犯罪的不可避免性、犯罪饱和律、刑罚对控制犯罪的有限性等。[⑤] 正如法国犯罪学家乔治·比

---

① 〔美〕克莱门斯·巴特勒斯：《矫正导论》，孙晓雳等译，中国人民公安大学出版社 1991 年版，第 95 页。

② 参见〔美〕大卫·E. 杜菲：《美国矫正政策与实践》，吴宗宪等译，中国人民公安大学出版社 1992 年版，第 273 页。

③ 参见刘强：《美国社区矫正的理论与实践》，中国人民公安大学出版社 2003 年版，第 237 页。

④ 曲新久：《刑罚的精神与范畴》，中国政法大学出版社 2000 年版，第 557 页。

⑤ 参见王牧：《根基性的错误：对犯罪学理论前提的质疑》，载《中国法学》2002 年第 5 期，第 121 页。

卡所说："犯罪学所能提供的首先是一种比国家立法更为广阔的视野，因为这个视野超越国家，具有更大普遍性；其次是一种比刑法更为客观的视野，因为它不为公共秩序和打击犯罪的紧迫需求所制约；再次是一种由社会学、心理学、临床学等不同学科研究成果所充实的视野。面对冰冷的刑法，犯罪学带来了科学的、人道的因素，并成为唯一可以使人们真正掌握和理解犯罪事实的学科。"他断言："对个人和对社会的保护以及不可缺少的刑事司法现代化，只能从犯罪学中获益。"[①]然而，长期以来美国政府的主导倾向却是：与其把时间和金钱大把地花在寻找犯罪原因上，不如把时间和金钱直接用来惩罚犯罪、打击犯罪。

刑罚是社会不可或缺的功能，这个道理显而易见。历史上由于某种原因也确实发生过刑罚空白状态：1944 年 9 月，德国占领丹麦，逮捕了所有丹麦警察。在没有警察的 7 个月中，犯罪剧增，仅抢劫就增长了 12 倍。1919 年 7 月 3 日，英国利物浦市近半数警察罢工。在罢工期间，该市约有 400 家商店被洗劫一空。1969 年，加拿大蒙特利尔市警察仅罢工一天，整个城市立刻陷入无政府状态，流氓暴行、抢劫盗窃随处可见，几乎所有职业罪犯全都以加倍的疯狂为所欲为。更令人痛心的是，不少平日奉公守法的人也参与了抢劫、斗殴、纵火等。这些不可多得的个案所说明的道理是不言而喻的：社会需要刑罚。[②] 迄今为止在与犯罪的斗争中，刑罚仍发挥着其他社会手段无以替代的重要功能。但是，犯罪学又提醒我们，刑罚的功能是有限的："在承认刑罚具有一定社会功能的同时，理性地评估刑罚社会功能的局限性，可以说已经成为一种世界性的刑法思潮。"[③]

我国台湾地区刑法学家林山田教授在论及中国古代酷刑时指出，依照"重典论"的看法，此等严厉残酷的刑罚，必定具有高度的威吓效果，足以有效地吓阻犯罪，可是历史事实却并非如此。古代社会结构较为简单，犯罪诱因较为少见，加之农业社会结构与大家庭制度、人际

---

① 〔法〕乔治·比卡：《犯罪学的思考和展望》，王立宪、徐德瑛译，中国人民公安大学出版社 1992 年版，第 2 页。

② 参见许发民：《刑法的社会学分析》，法律出版社 2003 年版，第 298 页。

③ 同上书，第 299 页。

关系密切，社会、氏族与家庭对个人均具有相当约束力，此等约束构成极为严密的社会控制网。在这样严密控制的社会条件下，严刑重罚果真能发挥其想象的威吓效能，则古代的犯罪应该早已绝迹才对。[①] 菲利曾以伪造货币罪为例来讨论刑罚对犯罪的威吓效果，他指出，到了19世纪，伪造纸币已经司空见惯。犯这种罪的伪造者，必须聚精会神地逐字仿造纸币上的文字，而文字中就包含威吓性的语句：法律处罚伪造……诸位可以想象伪造者在仿造这些语句时的心理。这一例证极富说服力：犯罪事实本身就在提醒他有法律的威胁，而他却在非常清醒非常冷静的情况下完成犯罪。[②]

犯罪学的研究成果告诉我们，刑罚并不是预防犯罪的理想手段。"刑罚效力有限这一结论是事实强加给我们的"[③]，我们不存在是否接受的问题。"只要法律还没有做到在一个国家现有条件下采用尽量完善的措施去防范某一犯罪，对该犯罪行为的刑罚，就不能说是完全正义的。"[④]事实上，刑罚只是一种不得已而采取的手段。应当尽可能少地使用，尤其要避免对刑罚的盲目迷信。最荒谬的莫过于把动用刑罚看成是社会进步的源泉，这将给社会带来灾难性的后果。[⑤] 菲利早就精彩地论述了刑罚预防犯罪的局限性：如果我们把犯罪总体结果与导致其产生的人类学的、自然的和社会的因素进行比较，就会发现刑罚对犯罪的影响是很有限的。刑罚仅凭其作为心理上的威慑作用，显然远不能抵消气候、习惯、人口增长、农业生产及经济和政治危机等因素世代相传的持续作用，统计资料表明这些因素才是导致犯罪增加或减少的最有力原因。刑罚作为一种心理力量，只能抵消犯罪产生时的心理因素，而且往往只能抵消那些偶然的和不太有力的心理因素。[⑥]

---

① 参见林山田：《犯罪问题与刑事司法》，台北商务印书馆1983年版，第151页。

② 参见〔意〕菲利：《实证派犯罪学》，郭建安译，中国政法大学出版社1987年版，第26页。

③ 〔意〕菲利：《犯罪社会学》，郭建安译，中国人民公安大学出版社1990年版，第70页。

④ 〔意〕贝卡里亚：《论犯罪与刑罚》，黄风译，中国大百科全书出版社1993年版，第94页。

⑤ 参见〔英〕威廉·葛德文：《政治正义论》，何慕李译，商务印书馆1980年版，第560—563页。

⑥ 参见〔意〕菲利：《犯罪社会学》，郭建安译，中国人民公安大学出版社1990年版，第26页。

犯罪观对刑罚观具有重大制约作用，在一定意义上可以说，有什么样的犯罪观就有什么样的刑罚观。犯罪学告诉人们：刑罚不是解决犯罪问题的最佳方法。犯罪学引导我们对犯罪、对刑罚进行理性反思，我们应该也可以逐渐认识和掌握有关犯罪的规律，丰富控制犯罪的手段。“刑罚与其严厉不如轻缓。”[①]对犯罪是否宽容是衡量一个社会文明程度的重要标志。失去宽容的世界，将是一个野蛮的世界、僵化的世界、愚蠢的世界。[②] 约翰·亚当说：没有任何人是与世隔绝自行存在的孤岛，每个人都是大陆的一部分，如果海水冲走一块土石，欧罗巴就少了一角。每一个消逝的生命都是我的损伤，我与整个人类相通，因此，莫问丧钟为谁而敲，它就是为我而鸣。[③] 当我们残酷地对待一个罪犯时，这很可能埋下我们自己被残酷对待的种子；当我们宽容一个罪犯时，这很可能就是在宽容我们自己。[④]

犯罪学对犯罪、对刑罚的反思是深刻的，犯罪学的思路和原则是清晰的。而美国对犯罪学的研究也并不落后，但是决策机制对犯罪学的关注远远不够，犯罪学并不能与刑事政策实现对接。犯罪学被冷落，犯罪学的研究成果被束之高阁。监禁刑被简单地、几乎不加节制地过度地使用，几百万人被毫不犹豫地投进监狱，如果说这与美国习惯于采用强硬手段来解决重大问题的行事风格有关，还不如说这是美国刑事政策缺少应有的理论高度也许更恰当。

二、刑罚理论向古典主义回归

在美国，监禁刑作为主要刑罚以来一直被认为是完全正当的，理论家们也一直在阐明其合理性。19 世纪，把罪犯关进监狱是希望可以改变他们，改变他们犯罪的思想。理论家强调监狱经验对于改造囚犯会产生积极影响，至少从某些层面来看应该如此。监狱被描述为改造囚犯恢复其人性的温室，从而形成美国刑罚理论中具有代表性的复归主义思想。在 19 世纪晚期到 20 世纪早期，这种思想被广泛接受。20

---

① 张明楷：《刑法格言的展开》，法律出版社 1999 年版，第 289 页。

② 参见贺来：《宽容意识》，吉林教育出版社 2001 年版，第 22 页。

③ 参见龙宗智：《上帝怎样审判》，中国法制出版社 2000 年版，第 4 页。

④ 参见黄华生：《论刑罚轻缓化》，中国政法大学 2004 年论文，第 136 页。

世纪20年代，出现了复归主义具体操作的方式，就是由人们信赖的专家通过法律途径所进行的监狱治疗项目和其他监狱项目。[①] 接下来50年，被称为“复归主义时代”的做法是，通过改变被监禁人以减少犯罪，这也就是注重个别预防的实证主义时期。最高法院法官雨果·布莱克(Hugo Black)总结道：现在看上去一致的观点应该是“报应主义已经不再是刑罚的目的，改革主义和复归主义成为刑罚的重要目标”。[②] 复归主义思想起到了推动人们致力于监狱在性格、态度和行为等方面改变囚犯，并推动形成富有美国特色的矫正实践。复归主义思想追求的效果被明显放大，它似乎已经达到了人们渴求已久的刑罚效果：控制和减少犯罪，尤其是减少再次犯罪，并促使囚犯更有可能成为具有生产能力的合格社会成员。我们必须看到复归主义的功绩是在这样一个历史背景下实现的，监禁刑是作为死刑和肉刑的替代物而产生的，死刑和肉刑在漫长的历史进程中，无论在文化上，还是在心理上，均形成了巩固的严厉的威慑效应。在这种威慑效应下，罪犯自然乐于接受复归主义较为温和的规劝和努力。可是，随着肉刑的废止，死刑的逐步淡出，其造成的威慑效应也慢慢成为历史童话，复归主义逐渐失去了必不可少的依托。在这种历史条件下，如果不进行必要的理性调整，那它将要面临挑战就只是时间问题了。

20世纪70年代中期，好像一切都突然开始改变了。这个改变发生的相当迅速，并且带来难以预料的深远影响。美国社会学家马丁森和他的两名同事对1945年1月至1967年年底之间完成的1 000多项有关矫正的研究重新加以检验，最终认为只有231项矫正项目符合传统社会科学研究标准。在对231项成果的有效性进行考察评价后，马丁森在报告中提出：除了少数项目有一定积极影响外，矫正的努力对再犯罪率没有效果。美国国家研究委员会研究小组对马丁森等人的研究报告如此评论：该研究合理、精确而且公正地评价了复归主义理

---

① Haney Craig, Counting Casualties in the War on Prisoners, *University of San Francisco Law Review*, 2008 (summer): 87-138，参见 http://www.supermaxed.com/NewSupermax Materials/Haney-Counting-Casualties-War-Prisoners.pdf[2010-07-12].

② Ibid.

论。[①] 该"矫正无效论"对美国当时的矫正思想造成了巨大冲击,并引发了一场关于矫正效果的长达数年之久的论战。对缓刑的指责,有人认为惩罚过于宽大且无力,从另一方面说,认为这是家长式的干预并无视罪犯的法律权利;对于假释的指责,有人认为假释官员不应有过分地减少惩罚的权力,使公众处于危险的环境,有人则认为这种刑事处遇带有任意性。在这一时期,对现行矫正体制的攻击似乎来自所有的方向。[②] 马丁森通过汇总矫正效果的实证研究所得出的"矫正无效论",与当时美国的竞选以及总统对犯罪的强硬态度相结合,最终导致美国采取了扩大监禁的措施。

马丁森一纸报告提出的"矫正无效论",很快引发了人们对复归主义模式指导下的美国矫正实践的怀疑,而从 20 世纪 60 年代开始的犯罪率激增、再犯罪率居高不下、社会治安状况持续恶化的社会现实更为人们的怀疑提供了"合理"而"充分"的根据。由于官方的统计资料和新闻机构大肆地渲染街头犯罪现象,70 年代,公众相信了犯罪问题已经失去控制的说法,国内舆论跟着发生了转变,要求对犯罪分子采取严厉的惩罚手段。[③] 惩罚模式的支持者们抓住时机,大力宣传监禁的作用,称它是对付犯罪行之有效的方法。这种模式将给罪犯以惩罚,他们必须待在监狱里对他们犯的罪付出代价,而不是自由自在地在社会上走来走去。[④] 美国刑罚理念出现了由科学的改善处遇向传统的惩罚处遇逆转趋势。[⑤] 美国刑罚理论也不得不开始向主张惩罚和威慑效果的古典主义转变,并逐渐主导了美国的刑事政策。

在这一时期,对矫正思想方向的扭转最有影响的是美国总统尼克松提出的"严惩犯罪"。虽然大多数矫正工作者认为,发展社区矫正中的缓刑和假释是一种比监禁更为有效的方法,而"严惩犯罪"强调对刑

---

① Howard Abadinsky, *Probation and Parole: Theory and Practice*, New Jersey: Prentice-Hall Inc., 1991: 175-177.

② Cromwell Paul, Killenger George, Kerper Hazel, et al., *Probation and Parole in the Criminal Justice System*, 2nd ed. St. Paul, MN: West Publishing Company, 1985: 152.

③ 参见〔美〕克莱门斯·巴特勒斯:《罪犯矫正概述》,龙学群译,群众出版社 1987 年版,第 57 页。

④ 同上注。

⑤ 参见〔日〕木村裕三、〔日〕平田绅:《刑事政策概论》,成文堂 2003 年版,第 21 页。

罚的适用应与公众对生活质量的感觉相适应。对于公众来说,使用"严厉打击"的措辞,比对罪犯采取治疗项目更具有吸引力,这种策略被证明是一个"政治金矿"。从美国选举的权宜之计来说,为候选人提供了一个能获胜的契机,以表明他们认真地考虑公众对犯罪的恐惧,从而增加对罪犯的严厉惩罚。[①] 美国学者安德鲁·冯·赫希(Andrew von Hirsh)提出了"该当"(just deserts)的概念,根据这个概念,刑罚应当同犯罪的严重程度相适应——这恰好是古典学派的回归:"一定量的刑罚必须能适应所有对社会危害性程度及可罚性程度相同的违反法律的行为。"[②]科学理论研究的重要价值是需要通过有说服力的论证来影响决策者。这种变化恰好说明美国的犯罪学理论研究及其在与刑罚学的结合方面还存在着欠缺,从而导致美国在刑事政策方面出现了一定的偏差。到了 90 年代中期,形势更加严峻,监狱政策制定者们在偏离复归主义的道路上越走越远,他们几乎形成了全体一致的意见,监禁刑好像仅仅是为了惩罚,是为了让囚犯感到痛苦,唯其如此,刑罚的目的才能实现。

在这种背景下,美国的刑事司法执法体制发生了巨大转变。在指导思想上,从使罪犯重新与社会结合转入有效地限制罪犯的再次犯罪和威慑潜在的犯罪。各州纷纷废除或大规模地缩小社区矫正的范围。1975 年,缅因州废除了不定期刑和假释制度,将矫正制度由"改善矫正模式"转变为"公正模式"。1976 年,美国联邦最高法院允许各州制定恢复死刑的立法。1985 年制定的《综合犯罪控制法》明确指出:刑罚目标不是复归社会,而是正当惩罚和控制犯罪。[③] "惩罚之季"带来了人们对监狱和被监禁人看法的改变。被监禁人越来越多地被描绘成"残酷的、顽固的罪犯",因此忽视了对他们的人道主义治疗和对他们长期监禁的后果。监狱本身开始被定义为一个存在固有危险和暴力的地方,监狱没有义务去给被监禁人提供任何积极的项目使囚犯获益。

---

① 参见王维:《社区矫正制度研究》,西南政法大学 2006 年论文,第 13 页。

② Howard Abadinsky, *Probation and Parole: Theory and Practice*, New Jersey: Prentice-Hall Inc., 1991: 175-177.

③ 参见〔日〕木村裕三、〔日〕平田绅:《刑事政策概论》,成文堂 2003 年版,第 104 页。

第四节 政策原因

一、总体刑事政策

刑事政策是国家预防、打击犯罪的一面旗帜，在很大程度上受其政治制度、经济发展以及社会变革等的影响。长时期的犯罪率居高不下，令美国民众感到恐慌，国家刑事政策因此受到前所未有的关注。在过去30年里，美国刑事司法政策发生了重大变化，带来的后果是美国监禁人口前所未有的增长。强调刑罚的报应、剥夺和威慑作用，主张限制司法自由裁量权，体现了一种强硬的刑事政策立场。强硬主义的刑事政策集中表现在：加大刑罚的力度，提高对累犯的刑期；恢复死刑的执行；加重对严重的少年犯罪的处罚，少年暴力犯罪由少年法庭转至成年犯审判程序；限制法官的自由裁量权；废除不定期刑转而强调刑期的确定性；采用更多的剥夺自由措施，监禁所有已被判刑的重罪犯；曾广泛使用的缓刑、居住方案、工作释放、假释等社区矫正制度受到不同程度的限制，尤其是限制假释适用的倾向极为明显。缅因州、印第安纳州、伊利诺伊州、科罗拉多州一度废除了假释制度；一些保留假释的州所适用的假释比例也大大缩减。于是，监狱里的罪犯人数很快达到了历史的最高纪录。① 尽管如此，在进入这场战争的第四个10年里，政治家们却还是宣称要继续战斗。实践证明，这场战争很难说是一场正确的战争，它所带来的危害现在所显现的仅仅是一个开端。囚犯战争带来的伤亡告诉我们应该寻找其他控制犯罪的方法，当然这也将成为我们同样需要面临的挑战。

二、毒品战争政策

反主流文化之下吸毒人群大量存在是毒品战争发生的一个重要历史背景。20世纪60年代至70年代美国处在一个特殊时期，战后“婴儿潮”时代出生并长大的年轻人掀起的反主流文化（Countercul-

① 参见〔美〕克莱门斯·巴特勒斯：《矫正导论》，孙晓雳等译，中国人民公安大学出版社1991年版，第83页。

ture)运动,在美国、西欧以及澳洲等发达国家风起云涌。作为主流文化背叛性标志的形形色色亚文化(Subcultures),诸如摇滚乐、喇叭裤,甚至于吸毒,在年轻人中广为流传。[①] 1970年尼克松总统期间,《毒品滥用、预防和控制综合法》加强了对涉及大麻犯罪的处罚。然而,该法案并没能有效阻止毒品滥用。里根当选总统后,犯罪政策由打击犯罪转化为打击毒品滥用和毒品买卖,第一夫人南希发起了对毒品"说不"运动。[②] 为了彻底治理毒品滥用问题,里根政府于1982年正式启动了毒品战争政策。1986年,国会通过了《反毒品滥用法案》,进一步加大了打击毒品滥用和毒品买卖的力度。毒品战争政策开始几年,政府为禁毒法律实施投入了大量资金,在政治上也给予毒品战争政策高度关注。从80年代开始因毒品犯罪被逮捕的犯罪嫌疑人数量激增,这种状况一直持续至今。从1987年到2005年,因毒品滥用被逮捕的犯罪嫌疑人与逮捕犯罪嫌疑人总数的比例从1:14增长到1:8。1980年逮捕犯罪嫌疑人总数是581 000人,2005年这个数字增长了3倍以上,达到了1 846 351人。[③] 2005年,因毒品犯罪被逮捕的嫌疑人中,81.7%因为持有毒品被捕,18.3%因为贩卖毒品被捕。总的来说,因毒品犯罪被逮捕的犯罪嫌疑人中有42.6%是涉嫌大麻犯罪。[④] 90年代,涉嫌毒品犯罪被逮捕的嫌疑人增长总数的79%是涉嫌持有大麻类毒品犯罪。90年代,在被逮捕的犯罪嫌疑人总数减少了3%的情况下,因涉嫌大麻类毒品犯罪被逮捕的犯罪嫌疑人却增长了113%。[⑤]

在过去30年里,没有任何政策能够像国家禁毒政策一样给美国

---

① 参见林晓萍:《"毒品战争"及其问题评析》,载《福建警察学院学报》2010年第2期,第29页。

② 参见刘艳萍:《美国刑事政策研究——以"重重轻轻"两极化的刑事政策为视角》,中国政法大学2008年论文,第82页。

③ Mauer Marc, King Ryan, A 25-Year Quagmire: The War on Drugs and Its Impact on American Society, http://www.sentencingproject.org/doc/publications/dp_25yearquagmire.pdf [2010-05-08].

④ FBI, Crime in the United States, http://www.fbi.gov/ucr/05cius/arrests/index.html [2010-02-25].

⑤ King Ryan, Mauer Marc, The War on Marijuana: The Transformation of the War on Drugs in the 1990s, http://www.sentencingproject.org/doc/publications/dp_waronmarijuana.pdf [2010-06-22].

的刑事司法体系带来如此巨大的影响。毒品战争政策对于美国过去30年里监狱系统人员暴涨这一现象起到了举足轻重的作用,并且影响到美国刑事司法体系的每一个方面,甚至影响到美国整个社会。出于打击毒品滥用的需要,美国国家禁毒政策过于强调打击,而忽视毒品滥用的治疗。这种着重打击的禁毒政策给低收入社会群体带来了深刻影响。毒品战争政策使上百万人被逮捕、被监禁,这项政策在很大程度上改变了美国处理犯罪的方式,使很多社会群体产生了不稳定感和不信任感。20世纪90年代中期,在经历了打击毒品滥用政策一系列失败之后,美国的禁毒政策有了些许改变,开始转向支持毒品治疗政策。毒品治疗政策带来了大量毒品法庭和其他替代性判决方案,轻微的毒品罪犯从监狱行刑转化到社区治疗机构行刑的做法越来越普及。尽管治疗政策逐步扩大,但是80年代的惩罚性量刑条款始终影响着美国的毒品犯罪量刑,因此被逮捕和被监禁的毒品罪犯仍然有增无减。

美国实行毒品战争政策至今,监狱和看守所中被监禁的毒品罪犯增长了1100%。州监狱毒品罪犯中的6/10没有任何暴力或者严重毒品贩卖记录。美国毒品使用者中,非洲裔美国人占总数的14%,因毒品犯罪被逮捕的犯罪嫌疑人中,非洲裔美国人占总数的37%,因毒品犯罪被监禁在州监狱的罪犯中,非洲裔美国人占总数的56%。非洲裔美国人在联邦监狱中因一起毒品犯罪服刑的时间(58.7个月)大致和美国白人在联邦监狱中因为一起暴力犯罪服刑的时间(61.7个月)相当。[①] 造成这种情况的主要原因是某些法律的种族歧视性,比如"快克"可卡因和粉末可卡因在定罪量刑上的歧视。1991年的数据显示,监狱中有毒品使用记录的囚犯中只有一少半接受过治疗。1991年,州监狱中的被监禁之前一个月内有毒品使用记录的囚犯中有36.5%接受过治疗,2004年这个数字下降到14.1%,联邦监狱也是如此,被监禁前一个月内有毒品使用记录的囚犯接受过治疗的比例从1991年的

① Mauer Marc, King Ryan, A 25-Year Quagmire: The War on Drugs and Its Impact on American Society, http://www.sentencingproject.org/doc/publications/dp_25yearquagmire.pdf [2010-05-08].

33.7%下降到了2004年的15.2%。[①]

近年的一系列研究成果证明:在刑事司法系统内部和外部的戒毒治疗措施在控制毒品成瘾和毒品犯罪方面,比不断地扩大监狱系统更奏效,毒品法庭项目比采取监禁措施更有效、更节约。[②] 一项分析表明,加利福尼亚州的毒品成瘾治疗项目每花费1美元,就会使刑事司法系统节约7美元的财政支出[③];相反,如果把这1美元直接投入到毒品执法上,就会带来将近70美分的净亏损。[④] 在另外一项分析中研究者认为:如果改变联邦毒品财政,减少原拟定资金投入的25%,增加治疗资金投入的100%,就会减少20吨可卡因消费量和节省50亿美元财政。[⑤] 此外,一些证据表明,监禁刑会给毒品罪犯带来某些再次犯罪的负面影响,判处监禁刑的毒品罪犯比判处缓刑的毒品罪犯再犯罪率大为增高。[⑥] 在监狱中接受过戒毒治疗的比没有接受过戒毒治疗的毒品罪犯再犯罪率要小。纽约州的淘汰计划是历史最久远的戒毒治疗项目,由创建于1977年的监狱内部治疗组织实施。这项计划的评估结论显示:完整参加此项目的男性毒品罪犯在假释后再次被拘捕的比例是27%,而没有参加过此项目或者仅仅接受过心理咨询的男性毒品罪犯假释后再次被拘捕的比例是40%。[⑦] 接受此项目的女性毒品罪犯再犯罪率比男性还要更小。美国刑事司法体系在遏制毒品犯罪以及毒品滥用上取得了历史性的进展,但其刑事政策中仍然存在较大问

---

① Mauer Marc, King Ryan, A 25-Year Quagmire: The War on Drugs and Its Impact on American Society, http://www.sentencingproject.org/doc/publications/dp_25yearquagmire.pdf [2010-05-08].

② Steven Belenko, *Research on Drug Courts: A Critical Review* 2001 *Update*, New York: The National Center on Addiction and Substance Abuse at Columbia University, 2001.

③ Ettner Susan, Huang David, Evans Elizabeth, et al., Benefit-Cost in the California Treatment Outcome Project: Does Substance Abuse Treatment "Pay for Itself", *Health Services Research*, 2006, 41(1): 192-213.

④ Rydell C P, Everingham S S, *Controlling Cocaine: Supply Versus Demand Programs*, Santa Monica, CA: RAND, 1994.

⑤ Ibid.

⑥ Spohn Cassia, Holleran David, The Effect of Imprisonment on Recidivism Rates of Felony Offenders: A Focus on Drug Offenders, *Criminology*, 2002, 40(2): 329-357.

⑦ *Behind Bars: Substance Abuse and America's Prison Population*, New York: The National Center on Addiction and Substance Abuse at Columbia University, 1998: 130.

题。结合实践来看，仍然存在重打击轻治疗、重监禁轻矫正的倾向，这对囚犯战争的形成造成了重大影响。另外，在毒品综合治理上、在打击毒品体现司法公平上还有许多需要完善的地方。

第五节 法律原因

一、严格量刑规则

20 世纪 80 年代初期，美国联邦政府进行了量刑改革。保守主义改革派认为，量刑制度改革能根除法官判处的刑罚过于仁慈和轻缓这一长期存在的问题。[①] 倡导量刑制度改革的保守主义者相信，强制性量刑指南将会确保所有法官，不论他们"自由主义"的程度如何，必须在所有案件中按照指南判处被告人足够的刑罚。于是，开始撤销联邦假释机构，废止联邦司法系统中使用的"过时的"矫治模式，格式化量刑标准，正式出台了量刑改革法案。尽管联邦量刑指南在书面上规定法官享有一定的量刑裁量权，但是强制性量刑指南时期的联邦司法实践表明，"量刑指南基本上取代了一切事项"[②]，并且"量刑指南上的网格成了至高无上的上帝"。[③] 一些联邦法官认为，量刑指南抛弃了刑罚的治疗和矫治功能，对犯罪人采取的是关押政策，这样不仅不能有效地预防和防止犯罪，还会造成许多社会问题。[④] 在很多法官看来，量刑指南中规定的某些刑罚幅度是非常严酷的，特别是在毒品犯罪中。[⑤] 2003 年，美国最高法院法官安东尼 · 肯尼迪(Anthony Kennedy)在一次面向美国律师协会的报告中指出："国家惩罚太严厉了，量刑刑期太

---

① Stith Kate, Koh Steve, The Politics of Sentencing Reform: The Legislative History of the Federal Sentencing Guidelines, *Wake Forest L. Rev.*, 1993, 28: 227.

② The Philip D Reed Lecture Series, Panel Discussion: Federal Sentencing Under "Advisory" Guidelines: Observations by District Judges, *Fordham L. Rev.*, 2006, 75: 1, 5.

③ The Philip D Reed Lecture Series, Panel Discussion: Federal Sentencing Under "Advisory" Guidelines: Observations by District Judges, *Fordham L. Rev.*, 2006, 75: 1, 4.

④ 参见汪贻飞：《中国式"量刑指南"能走多远——以美国联邦量刑指南的命运为参照的分析》，载《政法论坛》2010 年第 6 期，第 111 页。

⑤ Saltzburg Stephen, Capra Daniel, *American Criminal Procedure*, 8th ed. St. Paul, MN: Thomson West, 2007: 1470.

长了，这是一种国家监狱资源的滥用。”1981 年至 1987 年，入室盗窃罪被判处监禁刑的案件增加了 41%，入室盗窃罪被判处的刑期增长了 54%；强奸罪被判处监禁刑的案件增加了 166%，强奸罪被判处的刑期增长了 129%。[①] 1985 年，初次犯罪被判处监禁刑的案件增长了近 200%。囚犯战争以前，联邦法院判处监禁刑人数占联邦法院全部定罪人数的 52%，囚犯战争以后，联邦法院判处监禁刑人数占联邦法院全部定罪人数的 74%。同时，联邦监狱中囚犯平均服刑时间也有所增加，1984 年，平均服刑时间为 24 个月，1990 年平均服刑时间增加到 46 个月。[②] 随后 4 年，联邦法院判处监禁刑的人数占联邦法院全部定罪人数的比例又由 52% 增加到 60%，联邦法院判处缓刑人数占联邦法院全部定罪人数的比例从 63% 降低到 44%。暴力犯罪服刑时间比囚犯战争前增加了 37%，毒品犯罪服刑时间比囚犯战争前增加了 123%。[③] 相同案件被判处监禁刑的可能性变大，以及监禁刑的刑期变长，都能说明监禁刑在被更大程度地使用。

直到 2005 年 1 月 5 日，联邦最高法院才在“布克案”中以微弱的多数(5:4)正式宣布《联邦量刑指南》不再作为强制性的法律规则，而只是法官们量刑时的参考而已。[④]

二、取消、限制假释

20 世纪 60 年代以后，美国犯罪问题越来越突出，其中暴力犯罪和恐怖犯罪尤为严重。1965 年以前，美国杀人犯罪率一直保持在每 10 万人 5 人以下。1965 年前后，这个数字开始稳步上升，从 1970 年开始的 20 年里，这个数字在每 10 万人 8 至 10 人之间摆动。[⑤] 在这种背景

---

① Clear T R, *Harm in American Penology*, Albany, NY: SUNY Press, 1994.

② Hirsh Andrew, The Future of the Proportionate Sentence, in Blomberg T G, Cohen S, *Punishment and Social Control: Essays in Honor of Sheldont L Messinger*, Hawthorne, NY: Aldine de Gruyter, 1995: 123-145.

③ Irwin J, Austin J, *It's About Time: America's Imprisonment Binge*, 2nd ed. Belmont, CA: Wadsworth, 1997.

④ 转引自汪贻飞：《中国式“量刑指南”能走多远——以美国联邦量刑指南的命运为参照的分析》，载《政法论坛》2010 年第 6 期，第 113 页。

⑤ Senate Research Center, Parole: Then and Now, http://www.senate.state.tx.us/SRC/pdf/ib0599.pdf[2010-06-08].

下，人们开始怀疑社区矫正理论的正当性，对假释制度也不再抱持幻想。1970 年以后，随着社区矫正理论的衰退，假释制度也在四面楚歌中全面退缩。1977 年，州和联邦监狱中有 72% 的罪犯在假释情况下释放；1983 年这个数字下降到 48%，1988 年下降到 40%，1993 年下降到 39%。[①] 对假释制度的批评所导致的最直接的后果便是，美国几乎所有的州都纷纷加入废除假释制度或者限制假释制度的队伍中。1975 年，缅因州首先废除了假释制度。1976 年，包括加利福尼亚州和印第安纳州在内的 7 个州全部或者部分取消了假释的使用。[②] 1979 年，18 个州开始限制假释使用，包括科罗拉多州在内的 6 个州废除了假释制度。北卡罗来纳州则于 1981 年对假释的适用进行了非常严格的限制。[③] 截至 1999 年年底，共有 14 个州废除了假释制度，另有 21 个州严格限制假释的使用。联邦政府也于 1984 年制定《量刑改革法》时，废除了假释委员会，于 1998 年废除了假释制度。[④] 严格量刑规则与取消、限制假释这一组合导致了监禁刑最大限度地使用。

本章小结

本章对囚犯战争形成的原因进行了比较深入的探讨，分析了它形成的根本原因、诱发原因、理论原因、政策原因和法律原因。

1. 根本原因

美国社会基本矛盾深化，甚至某些矛盾激化，加上一些新矛盾的出现，是囚犯战争深层的根本原因。美国社会的主要矛盾有移民问题、种族问题、贫富问题、毒品问题，等等。

---

① Holt N, The Current State of Parole in America, in Petersilia Joan, *Community Corrections*, New York: Oxford University Press, 1998: 28-41.

② Ringel C, Cowles E, Castellano T, The Recasting of Parole Supervision: The Causes and Responses of Systems under Stress, Academy of Criminal Justice Sciences Conference, Kansas City, MO: [s. n.], 1993.

③ Clear T R, *Harm in American Penology*, Albany, NY: SUNY Press, 1994.

④ 参见张亚平:《美国假释制度之趋势及其启示》，载《甘肃政法学院学报》2008 年第 4 期，第 94 页。

2. 诱发原因

20 世纪 60 年代以后,美国犯罪率开始急剧上升,高犯罪率导致高监禁率似乎是自然而然的事情。但"监狱真实成本"组织负责人纳赫仁斯认为,许多罪犯可能本来就不值得关进监狱。美国司法部宣称,"严厉的量刑意味着更少的犯罪","《联邦量刑指南》通过运用刑事量刑把罪犯关押并施以惩罚进而阻止他们再犯罪的方法,可以达到减少犯罪的目的"。90 年代的监禁率上升和犯罪率下降都是事实,但监禁率与犯罪率的关系是复杂的。除了监禁率,学者们发现了其他一些影响犯罪率的因素,如整体经济形势、失业率、年龄、人口分布、毒品滥用、地理变化等。到 70 年代,美国社区矫正发展过于迅猛,不定期刑和假释开始被滥用,刑罚的惩罚性过分减弱。一些重刑犯、危险分子也被推向社区服刑,这使社区矫正赖以生存的社区基础发生动摇。"把犯人放在社区里的放纵方法遭到越来越多的反对。""居住方案和假释受到许多指责,重返社会方案在整个国家正以惊人的速度减少。许多州开始选择把犯人逐出街道并投入监狱的做法。"犯罪率的激增与社区矫正的滥用为监禁刑的扩张提供了理由。

3. 理论原因

一是犯罪学被冷落。犯罪学是对犯罪现象规律性的研究,对国家刑法和刑事政策具有非常重要的指导意义。犯罪学告诉我们,刑罚的功能是有限的,刑罚不是解决犯罪问题的最佳方法,刑罚不是现代社会预防犯罪的理想手段。犯罪学引导我们对刑罚进行理性反思,"刑罚与其严厉不如轻缓"。然而,长期以来美国政府的主导倾向却是,与其把时间和金钱大把地花在寻找犯罪原因上,不如把时间和金钱直接用来惩罚犯罪、打击犯罪。

二是刑罚理论向古典主义的回归。70 年代,公众相信了犯罪问题已经失去控制的说法,国内舆论跟着发生转变,要求对犯罪分子采取严厉的惩罚手段。惩罚模式的支持者们抓住时机,大力宣传监禁的作用。美国的刑罚出现了由科学的改善处遇向传统的惩罚处遇逆转趋势。美国刑罚理论也不得不开始向主张惩罚和威慑效果的古典主义转变,并逐渐主导了美国的刑事政策。

4. 政策原因

一是美国总体刑事政策。美国刑事司法政策发生了重大变化,转向强调刑罚的报应、剥夺和威慑功能,主张限制司法自由裁量权,体现了一种强硬的刑事政策立场。

二是美国毒品战争政策。为了治理毒品滥用问题,里根政府于1982年正式启动了毒品战争政策。1986年,国会通过了《反毒品滥用法案》,进一步加大了打击毒品滥用和毒品买卖的力度。从80年代开始因毒品犯罪被逮捕的犯罪嫌疑人数量激增,这种状况一直持续至今。毒品战争政策使上百万人被逮捕、被监禁,这项政策在很大程度上改变了美国处理犯罪的方式。美国实行毒品战争政策以来,监狱和看守所中被监禁的毒品罪犯增长了1 100%。美国刑事政策,结合实践来看,存在重打击轻治疗、重监禁轻矫正的问题,这对囚犯战争的形成产生重大影响。

5. 法律原因

一是严格量刑规则。20世纪80年代初期,联邦政府进行了量刑改革。撤销联邦假释机构,废止联邦司法系统中使用的"过时的"矫治模式,量刑标准格式化,量刑改革法案出台。在很多法官看来,量刑指南中规定的某些刑罚幅度是非常严酷的,特别是在毒品犯罪中。直到2005年1月5日,联邦最高法院才在"布克案"中以微弱的多数正式宣布《联邦量刑指南》不再作为强制性的法律规则,而只是法官们量刑时的参考而已。

二是取消、限制假释。1970年以后,美国几乎所有的州都纷纷加入到废除假释制度或者限制假释制度的队伍中。1975年,缅因州首先废除了假释制度。1976年,包括加利福尼亚州和印第安纳州在内的7个州全部或者部分取消了假释的使用。1979年,18个州开始限制假释使用,包括科罗拉多州在内的6个州废除了假释制度。北卡罗来纳州则于1981年对假释的适用进行了非常严格的限制。截至1999年年底,共有14个州废除了假释制度,另有21个州严格限制假释的使用。联邦政府也于1984年制定《量刑改革法》时,废除了假释委员会,于1998年废除了假释制度。

第五章　美国囚犯战争的对策

为了解决囚犯战争所造成的各种社会问题，消除囚犯战争所带来的各种不良影响，美国进行了艰苦的理论探索、复杂的政策调整和长期的法律实践。其中以缓刑和假释为主要内容的社区矫正制度以及监狱私营化制度在曲折中不断发展、不断充实、不断完善，在一定程度上缓解了美国囚犯战争的压力。

第一节　发展社区矫正

社区处遇体系中某些具体制度，如缓刑、假释等，有很久远的历史，但社区矫正成为系统的思想是在“二战”以后。现代社区矫正观念源于“二战”结束之初对退伍军人的心理辅导。[①] 当时从战场上退伍回来的老兵，遭受社会不适应症的困扰，宁愿重回部队过军旅生活。这些人急需得到帮助，以便重归社会过一般人的生活。于是有关单位组织人员分赴退伍军人居所，为他们提供咨询与心理治疗，作为重新融入社会的准备。由于该项工作效果卓著，因而被引入刑事司法体系，在20世纪60年代以后广受重视与支持，成为不可或缺的犯罪矫正措施。[②]

美国是社区矫正发展最早、也是最成熟的国家之一。美国在20世纪60年代末，社区矫正几乎在每个州都得到了迅速发展。美国的社区矫正机构有三种基本形态：一是州主办的；二是地方主办的；三是私人管理的。矫正机构一般都配有专业人员，并配有非专业人员——

① 参见冯卫国：《行刑社会化研究——开放社会中的刑罚趋向》，北京大学出版社2003年版，第178页。

② 参见黄华生：《论刑罚轻缓化》，中国政法大学2004年论文，第98页。

即志愿者。矫正机构一般都进行以下工作：职业或专门技术训练、社会知识或道德教育、娱乐、体育活动、宗教活动等。[①] 美国的社区矫正项目，包括审前转处、各种类型的缓刑和假释、社区劳役、家庭监禁、电子监控、中途训练所、日报告中心以及罚款、赔偿等项目。其内容涵盖了刑事诉讼的全过程，包括审前、审中和审后各环节的社区矫正措施与方案，其性质不仅是非监禁刑的刑罚执行，而且也包括了各种非监禁措施的落实及矫正项目的实施。[②]

一、缓刑的发展

1841 年约翰·奥古斯特斯（John Augustus，1785—1859）为救助一名酗酒犯，向法院申请保释，保证在狱外帮助其改过自新。法官同意后，他将这名酗酒者带出，对其进行帮助和指导，使其改过自新。3 周时间后，奥古斯特斯再次将这名酗酒犯带到法官面前，当法官看到已是衣冠楚楚、精神焕发的酗酒犯后，十分惊奇，于是决定免除其刑罚，只处以 1 美分的罚款。从此，奥古斯特斯和拥护他的一些伙伴自愿组织起来，帮助那些流浪的孩子以及醉鬼、妓女、乞丐，通过对他们的帮助、教育挽救了数千名流浪少年和成年人。这些人也基本上没有违反自己的保证而再次犯罪，因而受到社会各界的广泛好评。[③] 从 1841 年向法庭保释出第一个缓刑犯到 1858 年成为一名义务缓刑官，约翰·奥古斯特斯监督了男女老少 1 946 名缓刑犯人。由此，奥古斯特斯被人们称为“缓刑之父”。[④] 1878 年，在约翰·奥古斯特斯的家乡马萨诸塞州通过了美国第一部正式的缓刑法规，同时也是世界上第一个缓刑法规。这部法规当时仅限于在波士顿市的刑事法庭适用。1885 年在罗马举行的国际刑法及监狱会议上，缓刑问题被列入会议的议题，与会者对这一制度进行了充分的讨论。1889 年 8 月，在布鲁塞尔召开的

---

① 参见康树华：《社区矫正历史、现状与重大理论价值》，载《法学杂志》2003 年第 4 期。

② 参见王顺安：《社区矫正理论研究》，中国政法大学 2007 年论文，第 24 页。

③ 参见〔日〕矫正研修所：《刑事政策》，财团法人矫正协会 2001 年版，第 354 页。

④ Cromwell Paul, Killinger George, *Community-based Corrections: Probation, Parole, and Intermediate Sanctions*, St. Paul, MN: West Publishing Company, 1994: 18.

国际刑法会议上，正式通过决议将缓刑作为一种刑罚制度予以推荐。同年，比利时的缓刑法案获得通过并生效。该法案的通过，被认为是世界上第一个正式适用缓刑法律制度的国家。从此，现代意义上的缓刑制度正式产生了。[①] 接着，美国的佛蒙特州和罗德岛州分别于1898年和1899年通过了同样的法律。从1878年到1938年，美国的38个州、哥伦比亚特区和美国联邦政府相继通过了缓刑法规，采用了缓刑制度。[②]

"缓刑是社区矫正的基础。"[③]根据2004年7月美国司法部的一项最新统计资料表明，到2003年年底，全美接受矫正监督的人数又创新高，为690万人，比2002年增加了13.07万人，占成人的3.2%，即每32个成人中就有一人在接受矫正。在美国联邦和各州的缓刑系统中有220多万名缓刑执行犯，相当于每10万成年人口中有1 876名缓刑犯——53名成年人中就有1名是缓刑犯。缓刑人数为4 073 987人，比上年增长1.2%，人数增加49 920人。[④] 被判缓刑后再次犯罪的数字与被判监禁刑后再次犯罪的数字不相上下。法院之所以把缓刑作为优先适用的刑罚，是因为在执行成本上缓刑要比监禁低。把罪犯送进拘留所要比对其使用缓刑所支出的成本高5倍，送进监狱要比对其使用缓刑所支出的成本高19倍。[⑤]

对早期文献的回顾表明，无论是在官方报告还是在研究者的文章中，省钱都被当做缓刑制度最显著的优点。根据美国矫正项目统计，每个罪犯在监狱服刑每年要花费1.5万至2.5万美元，而对于传统的缓刑监督仅需花费500至1 000美元。[⑥] 与其他矫正机构要受监所面积的限制不同，缓刑犯的数量是可以没有上限的。缓刑犯不像那些关

---

① 参见王顺安：《社区矫正理论研究》，中国政法大学2007年论文，第38页。

② 参见程琦：《美国缓刑制度考察》，载《犯罪研究》2005年第2期，第62页。

③ 王增铎、兰洁、徐浚刚等：《中加社区矫正制度比较研究》，法律出版社2001年版，第99页。

④ Probation and Parole in the United States, http://www.ojp.usdoj.gov/bjs/pub/pdf/ppus03.pdf[2010-06-08].

⑤ Ibid.

⑥ 参见杨凤宁、龚卫清：《社区矫治：我国刑罚发展的选择及建构》，载《犯罪研究》2004年第6期。

在监禁场所的犯人，随时被看守监视，缓刑犯在社会上总有足够的活动空间。[①] 缓刑现在已经成为最常用的刑罚替代手段。在刑事司法机构中，缓刑被当做汹涌而来的监狱拥挤问题的泄洪口。如果没有缓刑监督这一措施，矫正机构将陷入混乱。由于监狱过度膨胀使得维持监所设施的费用扶摇直上，地方政府无力支付这笔费用，许多囚犯仅服了部分刑期就被放出监狱，因为更多的囚犯正在等着入狱。面对源源不断的囚犯，刑事司法机构为了继续运作，缓刑就成为基本手段之一。但主张社区矫治的先驱们都没有想到目前的缓刑制度会遇到如此之多的挑战。现在美国缓刑犯的构成已经发生了巨大的变化：重罪缓刑犯的数目不断增加，有些在过去应当判处监禁的罪犯也被判处缓刑，许多缓刑犯有着精神上或肉体上的痼疾。另外，长期的暴力犯罪率上升和武器的泛滥，都对缓刑制度提出了挑战。加利福尼亚州的缓刑学者曾做过一次调查，即对大约 1 700 名被判处缓刑的重刑犯人进行了为期 40 个月的跟踪调查。在这 40 个月里，大约有 2/3 的缓刑犯被再次逮捕，一半以上被再次定罪，约 1/3 被判监禁。[②] 缓刑犯中重罪和轻罪各占 49%，2% 为其他违法行为。[③] 美国司法部在对 1986 年 17 个州法院判处缓刑的79 000名重罪犯所做的三年跟踪调查显示，截至 1989 年，其中 43% 因重犯重罪被逮捕，并且在这些被逮捕的罪犯中，8.5% 是因为暴力犯罪，14.8% 是因为财产犯罪，14.1% 是因为毒品犯罪，其余的则是因为其他犯罪。[④]

美国、各州及哥伦比亚特区缓刑人数情况见表 5-1。

---

① 参见〔美〕查尔斯·丁·林德纳：《在失败中度过百年的美国缓刑制度》，黄寒、桂亚胜译，载《犯罪研究》2000 年第 1 期，第 48 页。

② King Ryan, Mauer Marc, Young Malcolm, Incarceration and Crime: A Complex Relationship, http://www.sentencingproject.org/doc/publications/inc_iandc_complex.pdf[2010-07-24].

③ Ibid.

④ Ibid.

表 5-1[①]　美国、各州及哥伦比亚特区缓刑人口数量

	2009 年缓刑人口数量（单位：人）		2009 年缓刑人口数量（单位：人）
美国	4 203 967	俄亥俄州	254 949
华盛顿州	96 369	密歇根州	175 131
俄勒冈州	40 724	缅因州	7 316
加利福尼亚州	312 046	新罕布什尔州	4 509
内华达州	12 300	佛蒙特州	6 833
爱达荷州	56 975	马萨诸塞州	180 677
犹他州	11 528	罗德岛州	25 924
亚利桑那州	78 243	康涅狄格州	56 336
新墨西哥州	20 086	新泽西州	124 176
科罗拉多州	78 114	特拉华州	16 831
怀俄明州	4 668	马里兰州	104 541
蒙大拿州	10 085	哥伦比亚特区	8 955
北达科他州	4 173	纽约州	119 657
南达科他州	6 602	宾夕法尼亚州	192 231
内布拉斯加州	18 591	西弗吉尼亚州	8 409
堪萨斯州	17 236	弗吉尼亚州	55 645
俄克拉荷马州	27 067	肯塔基州	54 205
得克萨斯州	426 331	田纳西州	59 558
路易斯安那州	42 259	北卡罗来纳州	106 581
阿肯色州	30 130	南卡罗来纳州	39 688
密苏里州	57 665	佐治亚州	392 688
爱荷华州	23 201	阿拉巴马州	49 955
明尼苏达州	121 446	密西西比州	24 276
威斯康星州	47 421	佛罗里达州	267 738
伊利诺伊州	144 692	夏威夷州	19 469
印第安纳州	130 207	阿拉斯加州	6 747

① 表 5-1 中的数据整理自 Interactive Map, The Sentencing Project, http://www.sentencingproject.org/map/map.cfm[2010-12-12].

二、假释的发展

美国的假释制度起源于著名的埃尔米拉教养院(Elmira Reformatory),1869年,纽约的埃尔米拉被授权建立一座专门收容16~30岁男性罪犯的教养院。1870年,在美国俄亥俄州的辛辛那提召开了全美监狱工作会议,来自美国24个州和加拿大、南美洲等国家的130多名代表参加了会议。著名刑罚学家泽布伦·布兰克韦(Zebulon Brockway,1827—1920)在向大会提交的论文中,论述了不定期刑思想和假释制度的可能性。当时与会的改革者们一致敦促纽约的埃尔米拉教养院采用布兰克韦的建议。1876年,埃尔米拉教养院成立以后,布兰克韦被任命为教养院院长。在布兰克韦的倡导和主持下,纽约州议会于1876年制定了《埃尔米拉教养院法令》(Elmira Reformatory Act),这既是第一个不定期刑的立法,也是第一个假释制度的立法。[1] 埃尔米拉教养院的建立是时代的产物,19世纪美国监狱系统管理运行不利,监狱人满为患,监管不力,囚犯释放后再犯率偏高等问题非常突出。许多刑罚和监狱改革学家多年来一直呼吁进行监狱改革,以改变监狱现状。把不定期刑和假释制度结合起来是埃尔米拉教养院的一大特色。埃尔米拉教养院创设的假释制度在美国迅速地推行开来。1900年,美国有20个州通过了假释立法。[2] 1907年,纽约州建立了完备的假释制度,包括不定期刑、提前释放、释放后监督,以及假释撤销的详细标准,将不定期刑和假释扩展适用于除谋杀罪以外的全部初犯。[3] 到1910年增加到32个州,美国2/3的州及联邦政府采用了假释制度,1922年,共有44个州采用了假释制度,而到了1939年,全美只剩下佛罗里达州、密西西比州和弗吉尼亚州3个州没有颁行假释法令。[4] 到1944年,美国所有的州以及联邦政府都设立了由假释委员会运作的假

---

① 参见潘华仿:《外国监狱史》,社会科学文献出版社1995年版,第168—169页。

② 参见刘强:《美国刑事执法的理论与实践》,法律出版社2000年版,第214页。

③ Howard Abadinsky, *Probation and Parole: Theory and Practice*, New Jersey: Prentice-Hall Inc.,1991:171.

④ Ibid.

释制度。[①] 假释委员会有广泛的自由裁量权，可以自由决定囚犯的释放时间，而仅仅受法官判定的最长刑期的限制。[②] 美国假释有两种：一种是裁量假释，另一种是强制假释。裁量假释是假释委员会对假释决定因素进行详细考察以后，决定提前释放的假释；强制假释则是根据法律的规定，囚犯服完一定比例的刑期以后，必须强制提前释放的假释。[③]

20 世纪 70 年代，美国的假释制度达到了顶峰，罪犯假释率非常高。全国假释人口（指当年处于假释状态的人数，包括当年被假释和以前被假释的人数）也基本上处于逐年增加的上升态势。1923 年，美国处于假释状态的罪犯人数是 21 632 人，1926 年是 19 917 人，1930 年是 29 509 人，1936 年是 37 794 人。[④]

就世界各国而言，社区矫正的执行对象最早乃至今天占绝对多数的仍然是缓刑犯与假释犯。美国司法部司法统计局 1992 年 1 月的统计显示，在社区服刑的罪犯比率已占所有服刑罪犯的 3/4，并有继续扩大之势。到 2003 年末，在美国 3.2% 的成人处于监禁、缓刑或者假释中。[⑤] 在总共 690 万被矫正人员中，因缓刑和假释两项被放到社区进行矫正的罪犯，占全部服刑人员的 70.25%。如 2000 年，美国被监禁罪犯的总人数为 1 933 503 人，而同期处于社区矫正的缓刑和假释罪犯人数高达 4 565 059 人，是监狱监禁人数的 2.36 倍。[⑥]

在美国，自从 20 世纪 80 年代以来，为了缓解监狱人满为患的压力，联邦以及限制、取消假释的州基本上都恢复了假释制度，有些州以各种方式实质上恢复了假释制度。其中北卡罗来纳州允许通过裁量使罪犯回归社会，佛罗里达州以其他名义实质上恢复了假释的功能，

---

① Cromwell Paul, Killenger George, Kerper Hazel, et al., *Probation and Parole in the Criminal Justice System*, 2nd ed. St. Paul, MN: West Publishing Company, 1985: 158.

② Senate Research Center, Parole: Then and Now, http://www. senat e. state. tx. us/SRC/pdf/ib0599. pdf[2010-06-08].

③ 参见许福生：《变动时期的刑事政策》，中央警察出版社 2003 年版，第 111 页。

④ Howard Abadinsky, *Probation and Parole: Theory and Practice*, New Jersey: Prentice-Hall Inc., 1991: 171.

⑤ 参见〔美〕多利斯·麦肯兹：《什么在社区矫正中起作用?》，载司法部基层工作司：《社区矫正试点工作资料》(四)，2005 年版，第 55 页。

⑥ 参见王顺安：《社区矫正理论研究》，中国政法大学 2007 年论文，第 207 页。

而科罗拉多州则于废除假释制度6年以后直接恢复了假释制度。[①] 这不仅是监狱人口爆满、费用昂贵压力下的务实选择,也是人们对刑罚制度理性认识的结果。人们发现当初假释适用太多、太滥,结果招致猛烈批评甚至被废除,可谓物极必反。假释虽然不像一些人鼓吹的那样好,但也不至于像另一些人批评的那样一无是处。假释制度仍然是一个值得肯定、有效的刑罚制度。据美国司法部公布的数据,截至1997年年底,全美被判处缓刑与假释的成年人人数超过390万人,创下了历史纪录,其中,适用假释的有685 033人。[②] 据统计,全美每年大约有40余万名假释犯从监狱被移送到社区进行矫正,每年在社区中接受矫正的假释犯约有70万名。[③]

假释制度在很长时期成为美国烫手的山芋:对犯罪人的"娇惯"显然不利于秩序维持和社会保护,但是监狱爆满、支出庞大的现实状况又不容许废除假释。假释制度在美国存在100多年,这让美国政府患上了"假释依赖症":不得不依靠假释来缓解其疲惫不堪的监禁状况。在这种进退两难的状况下,美国假释制度的走向逐渐明朗:对危害严重的犯罪和危险性大的罪犯,不用假释或者严格限制假释的适用条件;对轻微犯罪以及危险性不大的罪犯,则更多地倾向于将其提前释放。[④]

美国、各州及哥伦比亚特区假释人数情况见表5-2。

---

① Senate Research Center, Parole: Then and Now, http://www.senat e. state. tx. us/SRC/pdf/ib0599. pdf[2010-06-08].

② 参见周振雄:《美国司法制度概览》,上海三联书店1999年版,第284页。

③ 参见张克武:《近距离观察美国监狱》(http://wljy. changde. gov. cn/art/2007/7/10/art_9421_103768. html[2010-12-25])。

④ 参见张亚平:《美国假释制度之趋势及其启示》,载《甘肃政法学院学报》2008年第4期,第95页。

表 5-2[①]　美国、各州及哥伦比亚特区假释人口数量

	2009 年假释人口数量（单位：人）		2009 年假释人口数量（单位：人）
美国	819 308	俄亥俄州	14 575
华盛顿州	6 563	密歇根州	24 374
俄勒冈州	22 394	缅因州	31
加利福尼亚州	106 035	新罕布什尔州	1 820
内华达州	4 186	佛蒙特州	1 087
爱达荷州	3 447	马萨诸塞州	3 365
犹他州	3 204	罗德岛州	585
亚利桑那州	8 209	康涅狄格州	2 873
新墨西哥州	3 157	新泽西州	15 356
科罗拉多州	11 655	特拉华州	519
怀俄明州	614	马里兰州	13 742
蒙大拿州	1 007	哥伦比亚特区	6 319
北达科他州	357	纽约州	49 950
南达科他州	2 748	宾夕法尼亚州	75 112
内布拉斯加州	823	西弗吉尼亚州	1 889
堪萨斯州	5 010	弗吉尼亚州	4 605
俄克拉荷马州	2 970	肯塔基州	12 537
得克萨斯州	104 943	田纳西州	11 627
路易斯安那州	25 683	北卡罗来纳州	3 544
阿肯色州	21 166	南卡罗来纳州	1 612
密苏里州	19 673	佐治亚州	24 029
爱荷华州	3 265	阿拉巴马州	8 429
明尼苏达州	5 435	密西西比州	5 426
威斯康星州	19 334	佛罗里达州	4 323
伊利诺伊州	33 162	夏威夷州	1 831
印第安纳州	10 527	阿拉斯加州	1 939

① 表 5-2 中的数据整理自 Interactive Map, The Sentencing Project, http://www.sentencingproject.org/map/map.cfm[2010-12-12].

三、社区矫正与囚犯战争

监狱改造罪犯的现实效果与人们的期望相距甚远。西方国家30%～40%的累犯比例证明：监狱，这一与犯罪作斗争的主要工具反而成了传播再次犯罪的学校。[①] 美国著名刑法学者莫顿在论及以监狱为主的机构性处遇的弊病时曾说："将一个人置于监狱加以训练，以期被释放后能够顺利适应民主社会之生活，此举犹如将人送上月球，以学习适应地球生活方式般之荒谬。"[②]监狱在主观上追求罪犯再社会化的同时，客观上却常常使得罪犯再社会化的实现变得步履维艰，甚至可能使罪犯的反社会性得到加强。另外，考虑成本效率是刑事政策改革的一个重要原因，如若不考虑成本效率，就会产生"排挤效应"。[③]在有限的社会和经济资源中，对预防和打击犯罪资源的增加，就会相对减少教育和其他社会福利的资源。美国监狱体系经费的巨大增长需要政府的投入，这种投入要从公民的税收中支出，如果税收不变的话，囚犯战争所引起的巨大花费势必会影响和减少政府在教育、福利和其他社会项目的投入。最终，爆发了公众的诉求：既要预防犯罪又要减少较高的税收，这就推动了美国社区矫正的发展。

边沁认为："监狱是能教人学坏而不是学好的学校。"[④]犯罪学家诺威尔·莫里斯（Norval Morris）在1965年提出："我坚信，本世纪末现有形式的监狱将会走向灭亡。"[⑤]犯罪学家郝尔曼·曼海姆（Hermann Mannheim）指出："以监禁作为违反法律的矫治方法的时代应该结束，取而代之的应该是更多地采用科学的矫治方法。"[⑥]基于罪犯是可以矫正的理念，基于社区比监狱更有利于罪犯的矫正，而且还可以充分利用社会资源、减少纳税人的负担，监禁刑的替代措施——社区矫正

---

① 参见马克昌：《近代西方刑法学说史略》，中国检察出版社1996年版，第324页。

② 转引自杨士隆、林健阳：《犯罪矫治——问题与对策》，台北五南图书出版公司1994年版，第231页。

③ 参见许福生：《变动时期的刑事政策》，中央警察出版社2003年版，第23页。

④ 《资产阶级刑法中的刑罚》，北京政法学院刑法教研室1980年翻印。

⑤ Michael Tonry, *The Future of Imprisonment*, Oxford: Oxford University Press, 2004: Preface.

⑥ Ibid.

的发展越发繁荣。20世纪60年代至70年代,美国社区矫正制度的发展达到了黄金时期。然而,马丁森报告引发的风波差点让社区矫正制度在美国夭折。此后,过高的监禁率和庞大的监禁人口,使监狱拥挤几乎成了美国监禁刑的首要问题。后来马丁森和他的同事对"矫正无效论"进行了修正,认为矫正制度在某种程度上还是有效的。在这种背景下,社区矫正制度又重新得到重视,并且在做好犯罪预防后,要发展一系列广泛的监禁刑替代措施的理念得到普遍认同。美国非监禁刑的适用逐步占据主导地位,在逐渐完善中间制裁措施的基础上,非监禁刑的适用比例达到所有被处以刑事制裁人口的70%左右。这是一个了不起的数字,它不仅在很大程度上解决了监狱拥挤的问题,而且使美国刑罚基本上保持了与国际刑罚趋于轻缓相一致的方向。美国采取的以非监禁刑(社区矫正)为主的刑罚控制模式体现了法治的文明与进步,是对犯罪与刑罚认识不断深化的结果。社区矫正作为监禁刑的替代措施直接起到了缓解美国监狱拥挤的问题。

四、社区矫正与毒品犯罪

美国毒品战争政策实行中,暴露出毒品问题的复杂性,为打击毒品犯罪,国家刑事司法机构迅速膨胀,给国家财政带来沉重负担。逮捕的犯罪嫌疑人与日俱增,截至2005年已经超过180万人①,成为监狱人满为患的重要原因,而且这一趋势毫无停止的迹象。毒品犯罪中的再犯罪率非常高,使打击毒品犯罪难度加大,信心降低,在经历了打击毒品滥用政策一系列失败之后,美国毒品政策有了改变,对毒品滥用进行治疗的政策越来越受到支持。这一政策使毒品矫正成为社区矫正的一项重要内容,社区矫正在控制毒品滥用遏制毒品犯罪上显示出了巨大的优越性。2000年以后,这种依靠社区进行毒品治疗的政策正在逐步扩大。研究结果证明,进行戒毒治疗在控制毒品成瘾和毒品犯罪方面比不断扩大监狱系统更奏效。与采取监禁措施相比,社区矫正更灵活、更有效、更节约。一项随机的研究分析表明,国家每花费

---

① Mauer Marc, King Ryan, A 25-Year Quagmire: The War on Drugs and Its Impact on American Society, http://www.sentencingproject.org/doc/publications/dp_25yearquagmire.pdf [2010-05-08].

100 万美元用来给毒品罪犯定罪量刑，就会在全国范围内减少毒品消费量 13 千克，可是如果把同样数额的钱花到用来治疗毒品成瘾上，就会在全国范围内减少前述 8 倍的毒品消费量，达到 100 千克。[①] 此外一些证据表明，因毒品犯罪被判处缓刑的与被判处监禁刑的相比较，其再次犯罪的概率会大为降低。[②] 社区矫正在控制毒品成瘾和毒品犯罪方面形成的独到优势，将在美国打击毒品犯罪中发挥越来越大的作用。

第二节 复兴私营监狱

一、监狱私营化兴起

美国私营企业参与罪犯管理教育服务有着悠久的历史，第一批英国殖民者于 1607 年抵达弗吉尼亚后不久，私营企业就曾参与运送罪犯事务。内战时期，南方的刑事司法执法体系内存在大量私营企业参与的情况。[③] 19 世纪 60 年代，得克萨斯州立法机构同意州监狱管理人员与私营部门签订利用监禁劳动力的合同。1885 年，美国 13 个州开始将监狱劳动力出租给私营企业。[④] 1905 年，罗斯福总统签署了禁止使用监狱囚犯劳动力的法律。1929 年，国会通过法案，允许各州禁止囚犯生产产品进入本州，囚犯劳动力出租制度的终结导致监狱私营化的早期发展至此结束。

二、监狱私营化复兴

20 世纪 70 年代中期之后，监狱极度拥挤和财政压力促成了监狱私营化的复兴。70 年代中期之后，美国监狱囚犯激增，政府不得不大

---

① Caulkins Jonathan, Rydell Peter, Schwabe William, et al., Mandatory Minimum Drug Sentences: Throwing Away the Key or the Taxpayers' Money?, *RAND*, 1997: xvii-xviii.

② Spohn Cassia, Holleran David, The Effect of Imprisonment on Recidivism Rates of Felony Offenders: A Focus on Drug Offenders, *Criminology*, 2002, 40(2): 329-357.

③ Gowdy V B, Should We Privatize Our Prisons: The Pros and Cons, *Corrections Management Quarterly*, 1997(1): 56-63.

④ 参见王廷惠：《私有化的边界与局限：以美国监狱私有化实践为例的分析》，载《制度经济学研究》2007 年第 3 期，第 133—134 页。

兴土木建造新的监狱。美国各州共建造 3 300 所新监狱，花费达 250 亿美元，全国每年还得投入高达 300 亿美元的监狱维护经费，政府在监狱方面的投资是在教育方面投资的 6 倍多。美国联邦和各州政府在监狱上的开支越来越大，公立监狱日渐陷入资金不足、管理混乱的尴尬局面。联邦和州政府开始与私营部门合作，以求解救整个监狱行业，而且合作方式远远超出了 20 世纪初的传统合作关系，私营企业在参与提供监狱服务中开始发挥日益扩大的作用。现阶段的私营企业对刑事司法执法体系的介入更为固定，介入规模也越来越大，甚至形成了一个“矫正的商业综合体”。在这个综合体中，私营企业的雇员与刑事决策人员为了他们各自的利益结合在一起。[①] 监狱私营化表现为两种形式：第一种形式是私营部门帮助政府建造新的监狱，运营管理权仍在政府部门手中，因而被称为“名义上的私营化”。第二种形式是私营企业和政府部门签订合同，保证以比公立监狱更低的成本运作监狱，完全负责监狱事务的日常管理，因而被称为“运营的私营化”。[②]

1976 年，美国一家私营公司(RCA Services Company)取得了宾夕法尼亚州韦弗斯维尔强化治疗组(Weaversville Intensive Treatment Unit)的控制权，标志着监狱私营化的复兴。1982 年，佛罗里达州将位于佛罗里达南部拥有 425 张床位的奥基乔比男生学校(Okeechobee School for Boys)转交非营利组织埃克德基金会(Eckerd Foundation)经营，是监狱私营化的第二例。[③] 美国第一个地方政府层面的监狱私营化合同签订于 1984 年，州层面的监狱私营化合同签订于 1985 年。参与监狱私营化的第一家公司是成立于 1983 年、拥有不少前联邦监狱署官员和前州立监狱管理人员的美国矫正公司。[④] 美国最大的两家私营监狱是美国矫正公司(Corrections Corporation of America)和瓦肯胡

---

① Gowdy V B, Should We privatize Our Prisons: The Pros and Cons, *Corrections Management Quarterly*, 1997(1): 56-63.

② 参见陈颀：《美国私营监狱的复兴——一个惩罚哲学的透视》，载《北大法律评论》2009 年第 1 期，第 153—154 页。

③ 参见王廷惠：《私有化的边界与局限：以美国监狱私有化实践为例的分析》，载《制度经济学研究》2007 年第 3 期，第 133—134 页。

④ 参见陈颀：《美国私营监狱的复兴——一个惩罚哲学的透视》，载《北大法律评论》2009 年第 1 期，第 153—154 页。

特矫正公司(Wackenhut Corrections Corporations)。

2000年,美国34个州把部分监狱卫生保健事务交由私营企业提供,24个州全部交由私营企业提供。截至2000年12月,美国共有153家私营监狱管理机构,拥有床位超过119 000张。2003年年底,美国60%的州拥有私营监狱,大多数州与私营监狱企业签订了关押囚犯合同。2002年,近94 000名囚犯被监禁在私营监狱中。[①] 一些私营监狱已经发展成相当规模的跨国企业。排名第二的私营监管公司——瓦肯胡特矫正公司经营的监狱和拘留所,在国内有36所,在国外有19所,国外的19所分布在澳大利亚、南非和英国。[②]

据美国媒体报道,美国亚利桑那州打算公开招标,让私营监管公司来竞争全州9个监狱中心的运营权。亚利桑那州因此成为美国历史上第一个试图让整个监狱体系全面私营化的州。亚利桑那州的私营监狱营运已经累积了很多经验,之前的成绩很不错,全州有30%的囚犯关在私营监狱里。美国其他一些州,如阿拉斯加州和夏威夷州,都与一些私营监管公司如美国矫正公司等签有协议,将自己州的囚犯送到这些公司位于亚利桑那州的私营监狱中关押。亚利桑那州政府这次公开招标,一是想扩大死刑犯监管的范围,二是想填补亚利桑那州政府目前面临的20亿美元财政赤字。美国众议院拨款委员会的主席卡瓦纳哈说:"我认为监狱全面私营化是亚利桑那州监狱系统的未来。"[③]如果亚利桑那州真的能通过监狱全面私营化来减少花费,对全美国监狱私营化发展将有重要的借鉴意义。

三、监狱私营化与囚犯战争

监狱私营化的目标是减轻公立监狱过度拥挤的压力和降低监狱成本。

根据有关研究数据显示,政府建造一所监狱通常需要5至6年,而私营公司建造一所监狱通常只需2至3年。由于不受政府规则和

---

① 参见王廷惠:《美国监狱私有化原因研究》,载《财贸经济》2004年第9期,第77页。

② 参见张克武:《近距离观察美国监狱》(http://wljy.changde.gov.cn/art/2007/7/10/art_9421_103768.html[2010-12-25])。

③ 《亚利桑那州监狱全要私营》(http://epaper.yangtse.com/yzwb/2009-10/26/content_14243745.htm[2011-01-18])。

政治压力的约束,私营部门往往比大多数公共机构建造监狱速度更快、成本也更低。[①] 例如成立于 1983 年 1 月的美国田纳西州私营监狱,即美国改造公司,1984 年 4 月在休斯敦开办了拥有 350 个床位的拘禁中心,该中心的建造耗资 400 万美元,历时 5 个半月。如果由政府来建造,费用要增加 1 倍,时间要拖长 3 至 5 倍。私营监狱,对于监狱拥挤,成了一种能救“近火”的“近水”。[②]

1993 年,佛罗里达州立法机构通过监狱私营化法案,成立了专门机构——佛罗里达矫正私营化委员会,简称 CPC(Florida Correctional Privatization Commission),用以加速州监狱私营化的进程。CPC 主要目标是节约成本,具体而言就是必须比公立监狱提供类似服务节约 7% 以上的成本。[③] 事实上,由于人事费用较低,私营监狱平均每床每月还不到 40 美元,价格比那些州营监狱便宜约 10%。如果通过市场融资,私营监管公司甚至可以节省 20% 的成本。[④] 田纳西州一名私营监狱的监狱长曾做过这样的比喻,在州立监狱,如果有个服刑人说:“如果你们警察不和我好好沟通,我会把这间牢房里的东西统统砸烂!”而州立监狱的警察则会说:“砸吧,反正我们可以再花美金来重修,你是威胁不到我们的。”但是,作为私营监狱公司的持股人之一,如果服刑人要用这种威胁方式来对付我,我肯定会好好和他商量沟通的。[⑤] 美国监狱学者马丁·塞勒以地点、规模、历史、结构、种类以及人均占有空间等 7 个因素的相似性为标准,选择了 3 所公立监狱和 3 所私营监狱,就设施状况、矫正措施、监禁处遇三个方面进行了比较研究。通过实地考察,与监狱工作人员进行结构性访谈等方式,他发现与公立监狱相比较,私营监狱在运行过程中,罪犯人均支出较为节省,矫正措施也要多一些,其中两所私立监狱设施的总体状况优于公立监

① 参见王廷惠:《美国监狱私有化:目标与效果分析》,载《中国行政管理》2005 年第 6 期,第 106 页。

② 参见杜强:《美国监狱私营化现象》,载《社会》1999 年第 4 期,第 40—41 页。

③ 参见王廷惠:《美国监狱私有化:目标与效果分析》,载《中国行政管理》2005 年第 6 期,第 107 页。

④ 参见张克武:《近距离观察美国监狱》(http://wljy.changde.gov.cn/art/2007/7/10/art_9421_103768.html[2010-12-25])。

⑤ 参见徐国人:《西方社会的毒瘤——律师帝国》(http://vip.book.sina.com.cn/book/chapter_36683_18196.html[2011-01-17])。

狱。因此他认为,当政府以契约的形式,将监禁矫正罪犯的功能赋予私营监狱时,监狱开支会得到实质性节省。[①]

私营监狱不仅带来了更高的经济效益和更富有创新精神的实践,同时也促进了公立监狱的改革。[②] 就缓解监狱囚犯人数猛增、床位紧张、过度拥挤和政府监狱管理支出过大的公立监狱系统危机这一短期目标而言,借助私营部门的力量快速获取监狱床位的预期计划显然得以实现。[③] 私营监狱所取得的成效不仅对缓解囚犯战争起到了一定作用,而且给美国监狱发展带来了新的希望。

本章小结

本章讨论了美国为解决囚犯战争问题所采取的对策,包括美国社区矫正制度和美国私营监狱制度。社区矫正制度是解决囚犯战争问题的根本之道,是监禁刑改革的发展方向。私营监狱就目前而言主要还是一种权宜之计,可以缓解监狱拥挤的燃眉之急。

1. 发展社区矫正

美国是社区矫正发展最早也是最成熟的国家之一。美国的社区矫正机构有三种基本形态:一是州主办的;二是地方主办的;三是私人管理的。矫正机构一般配有专业人员,并配有非专业人员——即志愿者。矫正机构一般进行以下工作:职业或专门技术训练、社会知识或道德教育、娱乐、体育活动、宗教活动等。20 世纪 60 年代至 70 年代,美国社区矫正制度的发展达到了黄金时期。美国非监禁刑的适用逐步占据主导地位,非监禁刑的适用比例达到所有被处以刑事制裁人口的 70% 左右。这不仅在很大程度上解决了监狱拥挤问题,而且使美国刑罚基本上保持了与国际刑罚趋于轻缓相一致的方向。缓刑和假释是社区矫正的基础。根据 2004 年 7 月美国司法部的一项统计资料表明,在美国联邦和各州的缓刑系统中有 220 多万名缓刑执行犯。缓刑

---

① 参见杜强:《美国监狱私营化现象》,载《社会》1999 年第 4 期,第 40—41 页。

② 参见陈颀:《美国私营监狱的复兴——一个惩罚哲学的透视》,载《北大法律评论》2009 年第 1 期,第 160 页。

③ 参见王廷惠:《美国监狱私有化:目标与效果分析》,载《中国行政管理》2005 年第 6 期,第 107 页。

现在已经成为最常用的刑罚替代手段。在刑事司法机构中,缓刑被当做汹涌而来的监狱拥挤问题的泄洪口。如果没有缓刑监督这一措施,矫正机构将陷入混乱。20 世纪 70 年代,美国的假释制度达到了顶峰,罪犯假释率非常高,全国假释人口基本上处于逐年增加的上升态势。从美国的社区矫正实践看,在总共 690 万被矫正人员中,缓刑和假释两项放回社区进行矫正的罪犯,占全部服刑人员的 70.25%。截至 1997 年年底,全美被判处缓刑与假释的成年人超过 390 万人。社区矫正在控制毒品滥用、遏制毒品犯罪方面同样显示出巨大的优越性。2000 年以后,依靠社区进行戒毒治疗的政策正在逐步扩大。研究结果证明,进行戒毒治疗在控制毒品成瘾和毒品犯罪方面比不断扩大监狱系统更奏效。与采取监禁措施相比,社区矫正更灵活、更有效、更节约,必将在美国打击毒品犯罪中发挥越来越大的作用。

2. 复兴私营监狱

美国私营企业参与罪犯管理教育服务有着悠久的历史。20 世纪 70 年代中期,监狱极度拥挤和财政压力促成了监狱私营化的复兴。私营监狱不仅带来更高的经济效益和更富有创新精神的实践,同时也促进了公立监狱的改革。就缓解监狱囚犯人数猛增、床位紧张、过度拥挤和政府监狱管理支出过大的公立监狱系统危机这一短期目标而言,借助私营部门的力量快速获取监狱床位的预期计划显然得以实现。私营监狱所取得的成效不仅对缓解囚犯战争起到了一定的作用,而且给美国监狱发展带来了新的希望。

第六章 美国囚犯战争的启示

美国囚犯战争的后果是严重的，代价是巨大的，教训是深刻的。前车之覆，后车之鉴。认真研究美国囚犯战争，从中获取有益的启示，对于我们中国进行社会主义现代化建设，尤其是进行法制现代化建设，不仅具有非常重大的理论意义，而且具有非常重大的现实意义。

第一节 理论启示

一、“钟摆效应”

19世纪后半期，随着经济的发展和竞争的加剧，自由资本主义开始向垄断资本主义方向转化。在转化的过程中，人口大量涌向都市，贫富差距扩大，失业、贫困、卖淫、酗酒、颓废等许多社会问题接踵而至，犯罪尤其是盗窃之类的财产犯罪急剧上升，累犯、常习犯显著增多，少年或青少年犯罪也呈激增趋势。在汹涌的犯罪浪潮面前，古典学派的犯罪学理论表现得无能为力，于是一种新的、重视犯罪原因实证研究的犯罪学理论应运而生。这就是启蒙运动后期出现的刑事实证学派。[①] 菲利在《实证派犯罪学》中指出：“在意大利，当古典犯罪学理论发展到顶峰时，这个国家却存在着从未有过的数量极大的犯罪行为的不光彩状况，这确实是一种令人惊异的对比。正因为如此，实证派犯罪学便与其他学科一样，自然而然的产生了。”然而，一个世纪之后，在美国，实证派犯罪学遭遇了古典派犯罪学相似的命运。

实证派犯罪学产生后，监禁刑被认为在政治上是具有正当性的，并公开阐明在美国把罪犯放到监狱中是合理的，因为囚犯与他们进入

---

① 参见陆敏：《非监禁刑论纲》，中国政法大学2005年论文，第45页。

监狱前相比较，在释放时会有不同的经验，或者从某些层面来看会有更好的经验。监狱被普遍认为是改变人们的温室，并且监禁刑是用来从积极方面改变被监禁人的，它代表的是一种在美国刑罚理论中尤其重要的复归主义思想或目标。从20世纪30年代中期到60年代初期的30年间，美国经历了历史上第一次稳定和轻微的犯罪率的全面下降。然而，从20世纪60年代开始一直延续到80年代初的犯罪率激增、再犯罪率居高不下、社会治安状况持续恶化的社会现实与马丁森报告提出的“矫正无效论”一并引发了人们对复归主义模式指导下的美国矫正实践效果的怀疑。同时，美国一度十分盛行的社区矫正模式并没有取得人们预想的明显效果，滥用假释、不定期刑现象较为普遍，动摇了人们对于社区矫正的信心。由此导致美国20世纪70年代以后刑罚理论向主张惩罚和威慑效应的古典主义的回归，并逐渐主导了美国的刑事政策。

古典主义理论和实证主义理论都遭遇了发展到顶峰时，国家却存在着从未有过的数量极大的犯罪行为的状况，这确实值得我们思考。我国台湾学者林山田先生指出：“报应与预防两个基本思想，乃刑罚意义与目的的两大支柱。”①两大刑罚理论发展的历史轨迹揭示出现代刑罚应该融合报应与预防于一身，而不应过分强调任何一方。美国刑法学家帕克在《刑事制裁的限度》一书中将报应与预防两大刑罚目的形容成刑法的两团火：“在今天，一如既往，刑法被两团火所夹击。”②因此，基于对报应与预防的折中与调和，产生了一体论，或称折中论、综合论。折中论主张“任何在道德上讲得通的说明，都必然表现为对诸种性质各异且部分冲突的原理的一种折中”的刑罚理论。③ 折中论主张刑罚追求的目的既是报应，也是预防。报应是对犯罪行为自由意志选择的惩罚与感激，预防是对犯罪人致罪因素的治理与矫正，前者是对过去犯罪行为的否定，后者是对未来行为人回归社会的前瞻。从客观事物的发展规律看，任何事物的发展变化都呈现出一种波浪式前

① 林山田：《刑罚学》，台北商务印书馆1983年版，第47页。

② Packer Herbert, *The Limits of the Criminal Sanction*, Stanford: Stanford University Press, 1968: 9.

③ 参见邱兴隆：《关于惩罚的哲学：刑罚根据论》，法律出版社2000年版，第8页。

进、螺旋式上升的曲折过程，刑罚理论的发展也不例外。古典主义和实证主义刑罚理论的发展轨迹，并不表明刑罚理论的发展走了弯路，而只是验证了任何事物的发展都是曲折前进的历史规律。

两大刑罚理论发展的历史轨迹揭示出现代刑罚理论应该融合报应与预防于一身，而不应过分强调任何一方。那么折中刑罚理论是如何在报应与预防中寻求平衡的呢？报应与预防在刑罚理论中各占多少比例呢？笔者认为用“钟摆效应”来说明刑罚理论的历史循环性或者时间共同性比较具有说服力，可以比较准确地反映刑罚理论的历史运动规律。根据“钟摆效应”理论，刑罚理论是一个连续体，它的一端是惩罚，包括报应、犯罪控制和强硬政策；它的另一端是预防，包括治疗和改造。每个时期的主导刑罚理论就是这个连续体中的某个点；不同时期的主导刑罚理论就在这两端之间的某个点上产生：刑罚理论朝着惩罚一端倾斜，刑事政策就会具有较多的惩罚性；刑罚理论朝着预防一端倾斜，刑事政策就会具有较多的改造性和人道性。一般而言，当社会的犯罪率呈现下降趋势时，刑罚哲学往往趋向预防；相反，当社会的犯罪率呈现出急剧上升的趋势时，刑罚哲学往往趋向惩罚。[①] 例如，在美国，20 世纪 30 年代到 60 年代期间，犯罪率出现了下降趋势，矫正理念趋于缓和，刑罚哲学趋向预防。但是，20 世纪 60 年代以后，犯罪率的不断增加促使社会再次转向惩罚理念。当然，“钟摆效应”朝向报应还是预防一端倾斜，除了受犯罪率的影响外，还会受到来自政治、经济、文化和社会等多方面的影响。

二、刑度趋于轻缓

刑事古典学派针对野蛮的极不人道的刑罚体系及刑事司法制度，提出了罪刑法定、罪刑相适应、公平、人道的近代报应刑目的理论，其重要的历史贡献是使刑罚轻缓化，但对犯罪预防与控制社会越轨行为则效果不佳。如果说“古典派犯罪学的历史使命在于减轻刑罚”，那么，实证派犯罪学在“接过古典派犯罪学现实和科学使命”的同时，将“担负起一种更为高尚而又富有成效的任务——在减轻刑罚的同时减

① 参见吴宗宪：《当代西方监狱学若干问题述评》，载《犯罪与改造研究》2003 年第 1 期，第 13—23 页。

少犯罪”。[1] 于是,被称为“复归主义时代”的改变被监禁人的做法一直致力于减少犯罪。那么,70年代以后被称为新古典主义或者折中主义犯罪学理论的任务又是什么呢?通说认为,古典主义犯罪学理论完成了刑罚轻缓化的历史使命,实证主义犯罪学理论的任务是减少犯罪。笔者认为,古典主义的刑罚轻缓化属于刑种的轻缓化,70年代后期的折中主义或者新古典主义犯罪学理论的历史使命应该是继续减少犯罪和刑度的轻缓化——即减少监禁刑的使用。

“刑事制裁总是同一定的体现为价值观念和道德标准的社会文化紧密相连的,因为刑罚度(刑罚的量和质的统一)本身就是一种文化形式。尽管一个犯罪事实(如杀人就是把人杀死)千百年不变,但是社会文化不断发展,这个犯罪的制裁就会随之不断变化。”[2]美国70年代之后出现的监禁刑过度使用的危机,从反面告诉我们坚持减少监禁刑的必要性。减少监禁刑、继续发展社区矫正已经成为美国刑罚发展的未来趋势。“虽然在20世纪70年代以后,强硬主义刑事政策在部分西方国家有抬头之势,但是轻缓化仍然是当代世界刑罚发展的总体趋势。”[3]刑罚理论发展至今,刑罚轻缓化是历史潮流,大势所趋,更是社会进步的象征。然而,美国社区矫正的黄金阶段,犯罪状况并没有好转,反而暴力犯罪、再次犯罪、有组织犯罪大量增加,缺乏安全感的公众要求严惩严重犯罪的呼声日趋强烈,迫使这些国家通过加重刑罚来作出反应。“刑罚的这种反弹是正常现象,它是对刑罚过度轻缓化的一种反映。”[4]在既定历史条件下,刑罚轻缓化有一定的限度,不能超越现实社会条件搞过度的轻缓化,刑罚轻缓化是一个长期的、渐进的,甚至是波浪式前进的历史过程。这种反弹和调整只是暂时的、局部的,并不否定刑罚轻缓化的总体发展趋势。[5]

70年代后期的刑罚理论是向古典主义的一个回归。笔者认为,这里的回归应该宽泛地理解为向古典主义理论历史使命的一个回归,即

---

① 〔意〕菲利:《犯罪社会学》,郭建安译,中国人民公安大学出版社2004年版,第23页。

② 储槐植:《美国刑法》,北京大学出版社1996年版,第39页。

③ 金鑫:《监狱学总论》,法律出版社1997年版,第147页。

④ 陈兴良:《刑法的价值构造》,中国人民大学出版社1998年版,第501页。

⑤ 参见黄华生:《论刑罚轻缓化》,中国政法大学2004年论文,第123页。

秉承古典主义刑罚轻缓化的趋势。新古典主义应该在古典主义刑种轻缓化的基础上继续开拓刑度轻缓化的道路，而不应该简单地理解为向古典主义的报应目的思想的回归，并试图单纯通过提高监禁率这种极端的方式来达到控制犯罪的目的。美国的监禁刑实践也证明了监禁刑只是控制犯罪的一个因素。不断增加监禁率而忽视更为有效的控制犯罪的做法将会给法庭、矫正机构和社会带来沉重的负担，而给犯罪率带来的影响却是末端的、微乎其微的。过度强调监禁刑的使用，非但在犯罪控制方面不能达到良好的效果，还给个体和社会带来大量的消极影响，并且影响之深度和广度甚至达到了美国社会承受力的极限。然而，在现代社会历史条件下，监禁刑和监狱仍然是防卫社会、维持社会秩序、维护社会稳定不可缺少的刑罚手段，在某种意义上也是最具威力的刑罚手段之一。我们只能尽量避免其缺陷，克服其弊端，而不可能简单地将其废除。但是，我们可以逐渐减少监禁刑的使用，并且应当提倡监狱行刑社会化，提高监狱的开放性程度，克服监狱行刑的弊端，增强教育改造罪犯的针对性和有效性。[①] 折中主义理论，应该融合古典主义和实证主义两方面的因素，兼采报应与预防两大理论的优势。因此，现代犯罪学理论的历史使命除了应该包括实证主义学派所秉承的减少犯罪的任务外，同时不能忽视减少使用监禁刑、逐渐实现刑度的轻缓化。孟德斯鸠曾经说过："自由得到发展，刑罚的严酷性降低。"[②]"历史的时钟已不可能再被拨回到简单粗暴、严刑峻罚的时代去了。"[③]刑度趋于轻缓是历史的趋势。

三、执行趋于开放

刑罚由严厉趋于轻缓的同时，刑罚的执行场所也在趋向开放。在美国，开放式监狱被称为"最低警戒监狱"，关押被认为不会逃跑并不会彼此伤害的轻刑犯。据 1993 年 1 月 1 日统计，美国最低警戒监狱

① 参见王平：《监狱行刑需要妥善处理的几个关系》，载《河南社会科学》2010 年第 4 期，第 19—20 页。

② 转引自刘强：《美国社区矫正与犯罪刑罚控制的演变史研究——兼对我国的借鉴与反思》，华东政法大学 2008 年论文，第 33 页。

③ 〔美〕克莱门斯·巴特勒斯：《矫正导论》，孙晓雳等译，中国人民公安大学出版社 1991 年版，第 12—45 页。

关押着8万余名罪犯。在丹麦，全国15所监狱中除了6所是封闭式监狱外，其余均为开放设施，在开放式监狱中服刑的囚犯数量超过封闭式监狱。[①] 据美国1978年的调查，全国有62%的监狱实行周末监禁制度，近万人以这样的方式服刑。在比利时、荷兰、加拿大、瑞士和葡萄牙等国，半自由刑制度也得到推行。[②] 德国从1969年开始试行并于1976年在监狱法中正式确立犯人返家探视、短时离监和外出工作等制度。返家探视是指犯人可以定期回家，全年总共21天假期；短时离监是指犯人每天可以有若干小时暂时离开监狱，特别是用于外出找工作、住处以及探访近亲属；外出工作是指犯人可以每天到监狱外在无监管状态下工作，挣取正常的报酬。其中返家探视和短时离监的适用一直以超乎预料的数量增长。[③]

20世纪行刑社会化思潮兴起，第二次世界大战之后，刑罚人道、刑罚谦抑和人道主义的新社会防卫论等理念日趋深入人心，非监禁化开始从理论变为实践，监狱行刑逐渐被社区行刑所替代或者共同成为惩治犯罪的刑事司法体系的核心内容。[④] 非监禁化是20世纪中叶以来各国刑法最富新意的改革。自20世纪50年代开始，几乎所有的国家都进行了不同形式和特点的非监禁化实践。非监禁化，是一种政策选择，它允许重新分配刑事司法体系的资源以打击较为严重的犯罪。这一思潮使得刑罚执行开始向开放方向迈进，如在美国实行的缓刑、缓期判处等就是在这种思潮的影响下产生的。非监禁化能够克服监禁的负效应，让罪犯更好地在真实的社会环境中服刑与矫正。非监禁化实质是对自由刑的否定，由此倡导非监禁刑，推行社区矫正。[⑤]

---

① 参见冯卫国：《行刑社会化研究——开放社会中的刑罚趋向》，北京大学出版社2003年版，第167页。

② 同上书，第169页。

③ Dirk Van Zyl Smit, Frieder Dunkel, *Imprisonment Today and Tomorrow*, 2nd ed. The Hague: Kluwer Law International, 2000: 327.

④ 参见王顺安：《社区矫正理论研究》，中国政法大学2007年论文，第1页。

⑤ 参见刘艳萍：《美国刑事政策研究——以“重重轻轻”两极化的刑事政策为视角》，中国政法大学2008年论文，第76—77页。

第二节 政策启示

一、刑事政策制定的前提

刑事政策的制定与出台,只能建立在犯罪不能消灭且只能合理预防的基础之上,这是逻辑起点与政策拟定的目标。[①] 犯罪产生的条件,是现实社会生活所必需的,是合理的,也是社会产生和存在的条件,是不能且无法消除的;如果消除了,与其有关的犯罪确实可以减少,但是社会要付出的代价,要比对与其有关的犯罪所付出的代价高出许多。[②] 不管我们多么不情愿,犯罪都是一种客观存在的社会现象,一定意义上,也可以说是一种“正常的”社会现象。这当然不是对犯罪现象价值上的肯定,而是说社会整体上必然有犯罪现象发生。一定的社会状况必然存在一定的犯罪,不仅是一定的犯罪数量,而且包括一定的犯罪质量。因此,社会存在一定的犯罪是必然的,有的还是必要的,是社会权衡利弊的选择。从这种角度说,犯罪和刑罚是人类一种不可缺少的生活方式。[③] 社会学家迪尔凯姆认为:“犯罪不仅见于大多数社会,不管它是属于哪种社会,而且见于所有类型的所有社会。不存在没有犯罪行为的社会。虽然犯罪的形式有所不同,被认为是犯罪的行为也不是到处一样,但是,不论在什么地方和什么时代,总有一些人因其行为而使自身受到刑罚的镇压。现在,我们可以得出一个表面上看来似乎十分荒谬的结论。把犯罪归于正常的社会学现象,这不只是说,由于人类具有不可纠正的恶习,所以犯罪就成为一种人们虽不愿意但又不可避免的现象;而且,也在确认犯罪是社会健康的一个因素,是健康的社会整体的一个组成部分。”[④]现代犯罪学理论证明,在一种正常的社

---

① 参见刘艳萍:《美国刑事政策研究——以“重重轻轻”两极化的刑事政策为视角》,中国政法大学2008年论文,第188页。

② 参见王牧:《根基性的错误:对犯罪学理论前提的质疑》,载《中国法学》2002年第5期,第127页。

③ 参见房绪兴:《刑罚制度的历史阶段演进》,中国政法大学2006年论文,第142页。

④ 〔法〕迪尔凯姆:《社会学方法的准则》,狄玉明译,商务印书馆1995年版,第83—84页。

会形态下，犯罪现象是不可能被完全消灭的，我们只能在不动摇整个社会基本秩序的前提下尽可能地把犯罪现象控制在一定范围之内。[①]

“政策就是行动计划，涉及犯罪的公共政策只是以社会各种不同犯罪为目标的行动计划。”[②]曲新久教授认为：“就刑事政策而言，国家需要根据犯罪的态势、针对犯罪的原因，采取有针对性的战略、计划、措施等，所有这一切都离不开政治学、社会学、犯罪学、法学以及公共政策学等诸多学科提供的知识上的支持。”[③]德国刑事政策大师李斯特认为，预防与控制犯罪不能单纯地依靠刑罚，而应着眼于社会原因的分析及社会政策的拟制，最好的社会政策就是最好的刑事政策。比如种族政策、就业政策、医疗保障政策、老人和妇女儿童政策，等等。美国社会高速发展的背后也产生了失衡、不公平和社会的失序状态，主要体现在不公平的教育制度、贫穷、高犯罪率与高服刑率、福利制度不健全以及仍然存在的种族歧视与种族隔离。将刑事政策视为社会公共政策的一部分，政治、经济、社会的发展决定与制约着刑事政策的变化，公共政策的原理与方法就是刑事政策的原理与方法。[④]

法国著名刑法学者马克·安塞尔认为：“刑事政策是由社会，实际上也就是说由立法者与法官在认定法律所惩罚的犯罪和保护‘高尚公民’时所作的选择。”[⑤]考虑成本效率是刑事政策改革的一个重要原因，如若不考虑成本效率，就会产生“排挤效应”。[⑥] 在有限的社会和经济资源中，对预防和打击犯罪的资源的增加，就会相对地减少教育和其他社会福利资源。[⑦] 国家在制定刑事政策时，不但要在不同的刑事政策方案之间进行比较和选择，而且要将刑事政策纳入社会政策，

---

① 参见房绪兴：《刑罚制度的历史阶段演进》，中国政法大学2006年论文，第134页。

② 转引自刘艳萍：《美国刑事政策研究——以“重重轻轻”两极化的刑事政策为视角》，中国政法大学2008年论文，第38页。

③ 曲新久：《公共政策的权力分析》，中国政法大学出版社2002年版，第106页。

④ 参见刘艳萍：《美国刑事政策研究——以“重重轻轻”两极化的刑事政策为视角》，中国政法大学2008年论文，第189页。

⑤ 〔法〕马克·安塞尔：《新刑法理论》，卢建平译，香港天地图书有限公司1990年版，第6页。

⑥ 参见许福生：《变动时期的刑事政策》，中央警察出版社2003年版，第23页。

⑦ 参见刘艳萍：《美国刑事政策研究——以“重重轻轻”两极化的刑事政策为视角》，中国政法大学2008年论文，第76页。

作为社会政策的组成部分进行分析,从宏观政策的高度做通盘考虑,然后作出最佳的选择。换言之,刑事政策是社会政策的一个组成部分,刑事政策应当服从社会政策的需要。无论是针对犯罪的事后惩罚政策,还是事前的预防政策,都不应当仅仅考虑控制犯罪的需要,而是应当从有利于社会整体发展的高度进行考虑,应当充分体现立法者把握全局的能力。①

二、刑事政策的制定

加州大学犯罪学教授埃利奥特·柯里(Elliot Currie)在《犯罪、正义与社会环境》一文中指出,刑罚的惩罚体系代替了使罪犯复归社会的思想体系,但是却遭到巨大的失败,这很令人感到悲哀。美国刑事司法制度的问题不是其他,而是在于其制定刑事政策的基本原则的错位。美国在线新闻(AOL News)报道指出:美国必须明确的问题是,宽容绝不是公共安全的敌人。② 如果没有对囚犯定义(顽固和具有威胁性的敌人而不是和我们一样的公民)和监禁目标(使其遭受痛苦而不是使其改善)的公共看法的改变,是不会发生足以突破我们道德底线的囚犯战争的。在某种意义上,囚犯战争带给我们一份人道主义的渴望:所有的公民,甚至包括那些犯了罪,被认为带来了对整个社会威胁的公民,都应该得到一份政府的保障,从他们的角度改善他们的生活和帮助他们满足他们最迫切的需要。而不应该是,我们与他们坚决对立、全副武装地把罪犯作为我们国家的敌人,用那些显然是要伤害他们而不是改善他们的政策来对付他们。如果带着这种对监禁目的的看法,国家必将处于监狱填满了囚犯的尴尬境地。

在过去的30年里,监禁率的增长带来了大量的经济支出和社会投入,但是对于犯罪控制的影响却是相当有限的。监狱成为一个失败机构的主要原因是它被构想得太狭窄了。大多数关于监狱的讨论集中在监禁人数、刑期长度、监狱条件和再犯罪率上。换句话说,监狱被认为是与其他的刑事司法系统和大的社会环境隔离开来的一个独立

---

① 参见黄华生:《论刑罚轻缓化》,中国政法大学2004年论文,第39页。

② Why Obama Should Take on Prison Reform, http://www.aolne ws.com/2010/08/17/opinion-why-obama-should-take-on-prison-reform/[2011-01-05].

机构，这是一个灾难性的错误。我们对于监狱的看法可以用我们对医院的看法来做以比较。医院的两个主要任务是：拯救生命和最大限度地挽救病人的身体和心理健康。它们并不是孤立的机构，而是一个广泛的医疗保健系统的一部分。它们的花费是昂贵的，但是国家有广泛的服务协议来降低这个花费。更重要的是，医院并不孤立的一个重要原因在于健康关注是一个广泛的体系，它包括公共健康预防项目、门诊病人项目等。对于出院的病人，这个体系包括药物治疗、家庭护理、家庭护士等。大量的努力可以确保治疗的连续性，包括入院前和出院后的治疗。机构安排并不是医疗保健系统的全部，它也关注人们的生活，同时，医生和公共健康机构不断倡导人们需要保持一个健康的生活状态。医疗保健系统在多方面做出努力，治疗疾病和挽救生命并不是唯一的方面，治疗的效率、花费、病人以后的生活质量等也是一个方面。监狱也应该如此，监狱绝不应该是与其他的刑事司法系统和大的社会环境隔离开来的一个独立机构。人们错误地认为监狱的主要目的是维持安全，阻止再犯罪。除了阻止再犯罪外，监狱无所作为。然而，囚犯战争告诉我们，监狱是惩罚体系的一个部分，它会影响到除了再犯罪率以外的很多东西。它会影响囚犯在监狱中和释放后的生活机会，也会影响他们的孩子、伴侣、家庭和社会。因此，必须关注入狱前、在狱中、出狱后的整个过程，关注监禁给罪犯、给他们所爱的和爱他们的人，给他们的社区所带来的广泛影响，从而把监狱行刑作为社会综合治理的一个方面来开展。

为了把国家引向真正的正义，美国必须要把犯罪看成是一个与儿童贫困、婴儿死亡、不充分的公共服务以及经济地位极度不平等等紧密联系起来的社会问题。[①]“犯罪的消长虽然与刑罚的宽严有一定联系，但刑罚轻重不是犯罪的主要原因。犯罪根源在社会内部，而治理犯罪的手段在刑法之外，这应当成为我们坚信不疑的结论。”[②]“社会

① Currie Elliot, *Crime Justice, and the Social Environment*, in Hancock, Harry W, Sharp Paul, *Public Policy, Crime and Criminal Justice*, 3rd ed. Essex, UK: Pearson Education LTD, 2004: 52-69.

② 胡云腾：《存与废——死刑基本理论研究》，中国检察出版社 2000 年版，序言，第 11 页。

治安综合治理是实现社会长治久安的必由之路。"①"社会治安综合治理,是一个犯罪学概念,它涉及犯罪学的基本内容。"②囚犯战争带来的严重后果告诉我们,预防与控制犯罪不能单纯地依靠刑罚,而应着眼于社会原因的分析及社会政策的拟制,处理犯罪的根本之道应该是社会综合治理,这包括城市改建、减少贫困、减少失业、消除种族歧视等一系列内容在内。政策制定者们应该评估这些动态变化和影响犯罪率的各方面因素,采取平衡的综合的犯罪控制政策。1968 年,美国存档了一份关于法律实施和司法行政的总统委任报告,它集中关注了"自由社会中的犯罪挑战"。③ 事实上,它不仅包含国家的长期复归主义承诺,而且反映出一个比传统视角更为宽广的、更少个人主义成见的新犯罪原因的视角。这份总统委任状的主要信息是明晰的,我们需要这样来处理犯罪:城市改建,减少贫困,消除一直存在的种族歧视,改善少数贫困居民的生活。当时一个备受尊敬的学术评论员指出,"如果总统委任状建议的一系列广泛的社会项目真能实施的话,犯罪问题将大大改善。"④

第三节 美国社区矫正的启示

从本质上看,社区矫正是将罪犯群体几乎完全置于现实社区制度中,与非犯罪群体几乎无差别对待的一种制度。这其中蕴含着一种客观而进步的思想:罪犯群体非人类异化群体。⑤ 由机构处遇转向社区处遇,被各国学者普遍认为是现代行刑趋势,代表犯罪矫正的未来走

① 杨春洗:《刑事政策论》,北京大学出版社 1994 年版,第 205 页。

② 王牧:《犯罪学》,吉林大学出版社 1992 年版,第 398 页。

③ Haney Cralg, Counting Casualties in the War on Prisoners, *University of San Francisco Law Review*, 2008 (summer): 87-138, http://www.supermaxed.com/NewSupermax Materials/Haney-Counting-Casualties-War-Prisoners.pdf[2010-07-12].

④ Ohlin Lloyd, The Effect of Social Change on Crime and Law Enforcement, *Notre Dame L. Rev.*, 1968, 43: 811.

⑤ 参见吴旭:《监禁刑的未来趋势》,载《国家检察官学院学报》2010 年第 3 期,第 99 页。

向。[1] 美国学者塞哲尔指出，社区矫正较之传统监狱矫正的优点在于：社区矫正对罪犯更人道；社区矫正可避免“标签效应”；社区矫正利于罪犯复归社会；节省国家经费。[2]

一、社区矫正的国际趋势

20 世纪 50 年代以来，联合国在推动各国扩大非监禁刑和社区矫正的适用、执行方面进行了积极努力，并制定和颁布了一系列重要文件，极大促进了世界各国刑罚制度改革和社区矫正普及。1955 年在日内瓦举行的第一届联合国预防犯罪和罪犯待遇大会上通过了《囚犯待遇最低限度标准规则》，1980 年通过了《监禁替代措施》，1985 年在意大利米兰通过了《减少监禁人数、监外教养办法和罪犯的社会改造》，1990 年在日本东京通过了《联合国非监禁措施最低限度标准规则》。这些文件都明确倡导尽可能避免监禁，将监禁作为一种迫不得已的手段，从而促进了各国社区矫正的发展。[3]

近年来，世界各国社区矫正发展如火如荼，西方国家更是发展迅猛。美国的社区服刑人员比率已占所有接受审判人员的 3/4，并且有持续扩大的趋势。加拿大，罪犯在监狱服刑与在社区服刑的比例为 2:1。瑞典，1998 年刑罚执行系统中共有罪犯 1.9 万余人，其中近 1.6 万人在社区执行。在日本，约 3/5 受到矫正处遇的罪犯被放在社区行刑。芬兰，通常有 2/3 的监禁刑被缓期执行。[4] 瑞典，约有 25 000 人被判处自由刑，其中竟有约 2 万人被宣告缓刑。[5] 从有关统计资料来看，多数国家缓刑适用率都保持在 40% 以上。[6] 资料显示，1990 年，美国共有 250 万缓刑人口，比 1980 年增长 126%。[7] 1991 年，美国缓刑人

---

① 参见冯卫国：《行刑社会化研究——开放社会中的刑罚趋向》，北京大学出版社 2003 年版，第 180 页。

② 同上书，第 182 页。

③ 参见郭建安：《社区矫正：改革与完善》，载陈兴良主编：《刑事法评论》（第 14 卷），中国政法大学出版社 2004 年版，第 312 页。

④ 参见〔芬兰〕马蒂·乔森、瑞毛·拉蒂：《芬兰刑事司法制度》，王大伟等译，中国人民公安大学出版社 2000 年版，第 40 页。

⑤ 参见林山田：《刑罚学》，台北商务印书馆 1992 年版，第 232 页。

⑥ 参见李贵方：《自由刑比较研究》，吉林人民出版社 1992 年版，第 300—340 页。

⑦ 参见刘强：《美国刑事执法的理论与实践》，法律出版社 2000 年版，第 205 页。

员达到270万人,大约是监狱在押囚犯的4倍。美国成年罪犯的65%被给予缓刑处遇。[①] 美国新罕布什尔州,100%的囚犯经假释出狱;华盛顿州99.5%的囚犯经假释出狱;科罗拉多州90%的囚犯经假释出狱,美国有18个州的假释率达到75%以上。[②]

根据司法部预防犯罪研究所统计的数据显示,2000年,西方主要发达国家对罪犯适用缓刑和假释的比例达到了占全部被判处刑罚者的70%以上。加拿大缓刑、假释人口占罪犯总数的79.76%,为监狱行刑人数的4倍;澳大利亚缓刑、假释人口占罪犯总数的77.48%,为监狱行刑人数的3.5倍;新西兰缓刑、假释人口占罪犯总数的76.15%,为监狱行刑人数的3.2倍;法国缓刑、假释人口占罪犯总数的72.15%,为监狱行刑人数的2.6倍;美国缓刑、假释人口占罪犯总数的70.25%,为监狱行刑人数的2.4倍[③];新加坡缓刑、假释人口占罪犯总数的76.15%;日本缓刑、假释人口占罪犯总数的60%;韩国缓刑、假释人口占罪犯总数的45.90%;俄罗斯缓刑、假释人口占罪犯总数的44.48%。[④]

二、开展社区矫正前我国监狱行刑状况

伦敦国王学院(King's College London)国际监狱研究中心的世界监狱简报(World Prison Brief)中指出,2015年,我国有超过700所用来监禁已经被定罪量刑人员的监狱设施。据司法部预防犯罪研究所调查统计,1982年,我国监狱在押囚犯总数仅为63万人,2009年增长到162万人,在押囚犯增长幅度是人口增长幅度的5~6倍[⑤],我国监狱承受能力已到极限。1995年我国每10万人口中监狱囚犯人数是101人,到2009年已经增长到120人。我国2009年以前监狱监禁人口总数及其占人口比例具体情况见表6-1。

---

① 参见潘国和、〔美〕罗伯特·麦尔:《美国矫正制度概述》,华东师范大学出版社1997年版,第165页。

② 参见张甘妹:《刑事政策》,台北三民书局1979年版,第181—182页。

③ 参见王顺安:《社区矫正理论研究》,中国政法大学2007年论文,第154页。

④ 参见司法部社区矫正制度研究课题组:《改革和完善我国社区矫正制度之研究(上)》,载《中国司法》2003年第5期。

⑤ 参见王顺安:《社区矫正理论研究》,中国政法大学2007年论文,第121—122页。

表 6-1[①]　我国 2009 年以前监狱监禁人口数量及监狱监禁率

年份	监狱监禁人口数量（不包括未决犯监禁人口）（单位：人）	每 10 万人监狱监禁人数（不包括未决犯监禁人口）（单位：人）
1995 年	1 236 534	101
1998 年	1 440 000	115
2001 年	1 428 126	111
2003 年	1 540 000	118
2005 年	1 565 771	119
2009 年	1 620 000	120

美国俄亥俄州矫正局局长指出："把一个人从正常社会中抓走，放入一个不正常的社会中，在他获释后，又希望他适应正常社会的生活，这是不符合逻辑的。"[②]有关实证调查统计数据显示，20 世纪 90 年代，我国再犯罪率是 10% 左右[③]；21 世纪初期，达到了 20%，个别地区未成年人再犯罪率在 30% 左右[④]，这说明监禁矫正的效果不尽理想。另外，我国监狱行刑成本虽然不及发达国家水平，但花费也相当可观。有关司法统计表明，1995 年，仅囚犯关押一项，囚犯每年人均花费 2 000 ~ 3 000 元，远高于国家对中小学的投入。[⑤] 我国监禁一名罪犯的年花费平均为 1 万元左右，在城市地区甚至高达 2 万元。如果使用社区矫正，按监禁费用的 10% ~ 20% 计算，每个囚犯国家至少会节省 8 000 ~ 9 000 元。[⑥] 可见，我国监狱面临拥挤和财政紧张的双重困境。

三、开展社区矫正前我国社区行刑状况

与世界上大多数国家相比，我国刑罚总体上明显偏重。缓刑和假

---

① 表 6-1 中的数据整理自 World Prison Brief, King's College London，参见 http://www.kcl.ac.uk/depsta/law/research/icps/worldbrief/[2010-11-21].

② 〔美〕克莱门斯・巴特勒斯：《罪犯矫正概述》，龙学群译，群众出版社 1987 年版，第 56 页。

③ 参见司法部犯罪预防研究所：《中国犯罪白皮书》，2001 年，第 167 页。

④ 参见王顺安：《社区矫正理论研究》，中国政法大学 2007 年论文，第 116 页。

⑤ 参见谢望原：《刑罚价值论》，中国检察出版社 1999 年版，第 66 页。

⑥ 参见吴宗宪：《关于社区矫正若干问题思考》，载《中国司法》2004 年第 7 期。

释制度是自由刑的宽缓执行方式，与西方国家相比，我国缓刑、假释适用比例明显偏低。[1] 司法部社区矫正制度研究课题组统计的数据揭示出，我国开展社区矫正试点工作之前，缓刑和假释适用比例很低，1999年缓刑适用率为14.86%，2000年为15.85%，2001年为14.71%。[2]

每年通过假释释放的囚犯占全部监禁人员的2%左右。[3] 1996年，全国共假释罪犯36 522人，假释率为2.58%；1997年假释41 993人，假释率为2.9%；1998年假释29 541人，假释率为2.06%；1999年假释30 075人，假释率为2.11%；2000年假释23 550人，假释率为1.63%。[4] 2001年，管制刑的适用率为1.26%，监外执行的适用率为1.13%。[5]

据粗略估计，在2000年到2001年期间，每年宣告缓刑和裁定假释的罪犯总数约有12万人。如果以缓刑考验期和假释考验期平均为2年计算，社会上缓刑犯和假释犯总数约为25万人，而同一时期被监禁罪犯约为150万人。因此，与当时监狱在押罪犯总数相比，缓刑、假释人口只占16.7%，监禁罪犯是非监禁罪犯的6倍。[6]

四、我国社区矫正现状

2003年7月10日最高人民法院、最高人民检察院、公安部、司法部《关于开展社区矫正试点工作的通知》中，对社区矫正概念的界定是：社区矫正是与监禁矫正相对的行刑方式，是指将符合矫正条件的罪犯置于社区内，由专门的国家机关在相关社会团体和民间组织以及社会志愿者的协助下，在判决、裁定和决定确定的期限内，矫正其犯罪心理和行为恶习，并促进其顺利回归社会的非监禁刑罚执行活动。根据1997年《中华人民共和国刑法》（以下简称《刑法》）以及《关于开展

---

① 参见冯卫国：《行刑社会化研究——开放社会中的刑罚趋向》，北京大学出版社2003年版，第140页。

② 同上书，第140—141页。

③ 参见张亚平：《美国假释制度之趋势及其启示》，载《甘肃政法学院学报》2008年第4期，第98页。

④ 参见王顺安：《社区矫正理论研究》，中国政法大学2007年论文，第216页。

⑤ 参见郭建安、郑霞泽：《略论改革和完善我国的社区矫正制度》，载《法治论丛》2003年第5期。

⑥ 参见吴宗宪：《关于社区矫正若干问题思考》，载《中国司法》2004年第7期。

社区矫正试点工作的通知》的规定，我国社区矫正种类包括：管制、剥夺政治权利、缓刑、假释、监外执行。

（一）社区矫正总体情况

《关于开展社区矫正试点工作的通知》中确立了北京、天津、上海、江苏、浙江、山东为全国社区矫正首批试点省市。2005 年 1 月 20 日，最高人民法院、最高人民检察院、公安部、司法部联合发布的《关于扩大社区矫正试点范围的通知》指出，将河北、内蒙古、黑龙江、安徽、湖北、湖南、广东、广西、海南、四川、贵州、重庆 12 个省（区、市）列为第二批社区矫正试点地区。截至 2014 年年底，社区矫正工作已在全国 31 个省（区、市）和新疆生产建设兵团的 347 个地（市）、2 879 个县（市、区）、40 686 个乡镇（街道）（以上建制数均包含新疆生产建设兵团的师、垦区、团建制数）开展，实现了全国省、地、县、乡四级全面开展。2006 年 10 月 11 日，中共中央十六届六中全会又作出决定："积极推进社区矫正。"《中华人民共和国刑法修正案（八）》完善了管制刑及缓刑、假释的执行方式，并且根据一些人大代表和地方的意见，在刑法中规定，对管制、缓刑、假释等犯罪分子实行社区矫正。《中华人民共和国刑法修正案（八）》第 2 条规定，将《刑法》第 38 条中的原第 2 款作为第 3 款，并修改为："对判处管制的犯罪分子，依法实行社区矫正。"第 13 条规定，将《刑法》第 76 条修改为："对宣告缓刑的犯罪分子，在缓刑考验期限内，依法实行社区矫正，如果没有本法第七十七条规定的情形，缓刑考验期满，原判的刑罚就不再执行，并公开予以宣告。"第 17 条规定，将《刑法》第 85 条修改为："对假释的犯罪分子，在假释考验期限内，依法实行社区矫正，如果没有本法第八十六条规定的情形，假释考验期满，就认为原判刑罚已经执行完毕，并公开予以宣告。"另外，一些人大代表认为，开展社区矫正是中央关于司法体制和工作机制改革的决策部署，是探索行刑方式人性化、社会化，改革和完善我国刑罚制度的一次重大实践。应该尽快制定我国"社区矫正法"，迅速建立适合我国国情的社区矫正法律制度，以促进社区矫正工作的法制化、科学化和规范化。[①]

---

① 参见《人大代表建议出台社区矫正法》（http://china.findlaw.cn/fagui/lifadongtai/20100312/226317.html[2010-03-18]）。

从统计信息资料来看，2004 年年底，即试点工作刚开始一年，开展社区矫正的试点仅限于北京、上海、天津、江苏、浙江、山东，共 591 个街道，约 1 万余社区服刑人员。[①] 2005 年 7 月，社区矫正已开展两年，第一批社区矫正试点工作的 6 个省（市）已有 63 个区（县、市）、722 个街道（乡镇）开展了试点工作。共接管社区服刑人员 15 787 人，其中管制 222 人，缓刑 9 407 人，假释 2 074 人，暂予监外执行 532 人，剥夺政治权利 3 552 人。公众对社区矫正试点工作的支持率，由试点初期的 25% 上升到 80%。[②] 2006 年 7 月，首批试点的 6 个省（市）已有 186 个县（区、市）、2 147 个街道（乡镇）开展了社区矫正工作。共接管社区服刑人员超过 34 000 人，其中管制约 660 人，缓刑约 22 000 人，假释约 3 600 人，暂予监外执行约 1 200 人，剥夺政治权利近 6 500 人。[③] 2006 年 9 月，社区矫正试点工作已在 18 个省（市、区）的 85 个地市、375 个县（区、市）、3 142 个街道（乡镇）展开。北京、上海、江苏在全辖区范围内展开。18 个试点省（市、区）共有社区服刑人员 50 083 人，其中管制 1 576 人，缓刑 32 882 人，假释 5 783 人，暂予监外执行 1 768 人，剥夺政治权利 8 074 人。[④] 2006 年 12 月底，18 个试点省（市、区）共有社区服刑人员 55 845 人，其中管制 1 872 人，缓刑 37 517 人，假释 5 763 人，暂予监外执行 1 928 人，剥夺政治权利 8 735 人。[⑤]

（二）社区矫正具体试点情况

上海市开社区矫正之先河，2000 年 9 月，上海市女子监狱对罪犯试行半监禁刑的探索，对于符合条件的罪犯，允许从周一至周五回社会参加劳动，周末回监狱服刑。自试行以来，效果较好，罪犯回到社会

---

① 参见王珏：《中国社区矫正制度介绍》，载全国人大常委会法工委刑法室、司法部基层工作指导司：《“对轻刑犯的非监禁矫治措施中英研讨会”交流材料汇编》，2004 年，第 69 页。

② 参见王珏：《中国的社区矫正试点工作概述》，载中华人民共和国司法部、美国马里兰大学：《“社区矫正国际研讨会”交流材料汇编》，2005 年，第 54 页。

③ 参见姜爱东：《中国社区矫正试点工作概述》，载司法部基层工作指导司：《社区矫正试点工作资料汇编》（五），2006 年版，第 10—11 页。

④ 参见李冰：《中国社区矫正试点工作概述》，载首都师范大学，北京市司法局：《“社区矫正——2006 年北京国际论坛”论文 · 摘要 · 致辞汇编》，2006 年。

⑤ 参见王顺安：《社区矫正理论研究》，中国政法大学 2007 年论文，第 75 页。

后均能自食其力、遵纪守法。这不仅缓解了家庭和社会的矛盾，密切了亲戚邻里关系，也减少了监狱的经费开支。上海于 2002 年 8 月正式启动社区矫正试点工作，成为全国最早开展社区矫正工作的地区。根据上海社区矫正试点工作领导小组提供的数据表明，截至 2006 年 8 月，上海累计接收社区矫正人员 12 172 人，解除矫正人员 6 919 人，其中管制 18 人，缓刑 2 949 人，假释 900 人，暂予监外执行 183 人，剥夺政治权利 1 203 人，再犯罪率截至 2007 年 5 月底统计为 0.4%。[①]

北京仅在一年之内，从试点的 3 个区县便发展到全市 18 个区县，社区矫正机构从完全空白到 2015 年已形成从市级到基层的 3 级组织网络。2004 年 5 月 1 日，北京市全面开展社区矫正试点工作，截至 2006 年 5 月底，北京市累计接收社区矫正人员 10 811 人，解除矫正人员 5 446 人，现有矫正人员 5 365 人，其中缓刑 2 851 人，占 27.4%；假释 886 人，占 16.5%；暂予监外执行 131 人，占 2.4%；管制 34 人，占 0.6%。[②] 自成为试点以来，矫正对象年平均再犯罪率控制在 0.4%，矫正对象解除矫正后就业率在 80% 以上，97.2% 的矫正对象对矫正工作表示满意，85% 的市民认为社区矫正试点工作效果明显。[③] 截至 2006 年 8 月，北京市社区矫正总人数为 5 549 人，已占全部在押囚犯的 1/3 强，比试点之前的比例超出 1 倍多。[④]

五、美国社区矫正对我国的启示

我国实行社区矫正制度的时间还很短，基本上还处在发展的初级阶段，成长空间还很大。我们有必要吸取美国社区矫正发展的经验和教训，争取我国社区矫正制度的发展少走弯路。

第一，我们要克服畏难情绪，敢于走现代刑罚发展的必由之路，大力改革完善我国社区矫正制度和相关法律规定。结合我国具体国情，

---

① 参见王顺安：《社区矫正理论研究》，中国政法大学 2007 年论文，第 71—90 页。

② 参见《北京市社区矫正试点工作情况》，载司法部基层工作指导司：《社区矫正试点工作资料汇编》，2006 年，第 5 页。

③ 参见吕兴国：《更新工作理念、创新工作思路——在更高起点上推动北京市社区矫正工作的深入发展》，载首都师范大学、北京市司法局：《“社区矫正研究——2006 年北京国际论坛”论文 · 摘要 · 致辞汇编》，2006 年，第 36 页。

④ 参见王顺安：《社区矫正理论研究》，中国政法大学 2007 年论文，第 156 页。

充分利用我国在管制、缓刑、假释等方面的成功经验，努力宣传现代法治思想，宣传社区矫正的意义价值，动员社会各界积极投身于社区矫正工作。同时要注意克服急躁情绪，社区矫正工作开展不当也会带来严重后果。美国社区矫正制度在复归主义时期得到了很大发展，这是好事。但在复归主义后期，美国社区矫正制度却走上了极端主义道路：过度依赖社区矫正而忽视监狱行刑，造成社区矫正滥用，甚至有些重刑犯和危险系数较高的在押犯也被推向社区服刑，随之而来的是犯罪率激增、再犯罪率居高不下、社会治安状况持续恶化。这就引起了群众的极大不满，一时间将罪犯赶回监狱的呼声四起，美国社区矫正制度也差点因此夭折。我国在开展社区矫正的时候要吸取美国的教训，认真执行最高人民法院、最高人民检察院、公安部、司法部《关于开展社区矫正试点工作的通知》中关于社区矫正适用主体、适用方式和适用条件的规定，既要积极开展，又要稳妥落实。

第二，我国每年有大量不予立案、免予起诉的案件，例如轻微伤害、一般的合同诈骗、较为严重的拖欠工资、较为严重的家庭虐待、较为严重的环境污染、生产销售伪劣产品，等等，这些在生活当中到处可见、影响很大、群众反映强烈、却又得不到刑法追究的案件，严重损害了法律在群众中的威信，严重影响了社会正气的弘扬，严重伤害了良好道德的建设，随着我国社会文明程度的提高，这些问题已经逐步演变成我国社会最大的不安定因素，成为我国建设和谐社会的首要障碍。这些问题在原有的法律框架下确实很难解决，而社区矫正是目前解决这些问题的最佳途径。因此，需要积极扩大社区矫正适用的范围，努力建设社区矫正适当的机构，坚持探索社区矫正适合的方法，不断总结社区矫正适时的经验。

第三，我国“社区矫正法”的制定应该进入操作阶段，法官判处社区矫正的尺度、社区矫正执行的内容和程序均需“社区矫正法”加以明确。根据我国实际情况、相关经验，以及欧美经验，并参考欧美以及其他国家的相关法规，完全可以制定出我国比较稳妥的“社区矫正法”试行稿。不以规矩，不成方圆。像社区矫正这样涉及面广、影响大的法律实践，没有一个基本的法律规范，仅由试点单位自行摸索，前景令人担忧。要么进展缓慢，迟迟开展不起来；要么各行其是，问题成堆。我们应该明确一个前提，我国进行社区矫正不是从头开始，而是在欧美等世界各国实践的基础上进行的，如同经济建设一样，只要我们重视，我们的社区矫正事业一样可以在较短的时间内比他们做得更好。但我们首先要借用他们的经验，参考他们的法规，这不是丢人的事情，这是我们成熟的表现。经过三五年的试行，我们再来修订、完善成正式的法律，到那时这部法律才有了我们自己的特色，我们才有资格说我们为世界矫正事业作出了自己的贡献。

第四，根据我国实际情况，并参考美国的做法，至少还应该马上在县、区两级社区矫正机构内设置专业的培训部门，形成人员培训的常态机制。不培训不上岗，不合格不上岗，确保各级社区矫正机构工作人员能够胜任。

我们应该利用我国体制上的优势，国家各级政府和执法机关、社区矫正机构、社会团体、民间组织以及志愿者应该通力合作，为改造罪犯、减少犯罪，为建设一个和谐健康的社会共同努力。

第四节　美国监狱私营化的启示

监狱自诞生以来，就在实践和理论上面临种种危机和批评，然而作为集规训技术之大成的权力工具，监狱在很长一个历史时期内并不会被简单抛弃，只是会在形式上有所改变——私营监狱就是现代监狱形式上改变的最新尝试。[①] 私营化是指公共职能、责任和资本资产部分或全部由公共部门转移至私营部门的过程。监狱私营化意味着监狱管理服务供给主体的变化，由公共部门向私营部门转移的过程。[②]

一、监狱私营化的优势

私营监狱是为减轻公立监狱的重压、作为公立监狱的必要补充而表现出它存在的价值的。在同一个社会制度里，公立监狱和私营监狱

---

① 参见陈颀：《美国私营监狱的复兴——一个惩罚哲学的透视》，载《北大法律评论》2009 年第 1 期。

② 参见王廷惠：《美国监狱私有化：目标与效果分析》，载《中国行政管理》2005 年第 6 期，第 106 页。

的根本性质没有不同，差别主要在于运行效能。[①] 实践和研究表明，私营监狱比起公立监狱在监禁质量上并不逊色。事实上，私营监狱的囚犯逃跑率和囚犯再犯罪率都比公立监狱低。[②] 私营监管公司希望在市场竞争中占据更大份额，这使他们更愿意采取新的监管技术，如中央监控系统、热红外探测器、计算机管理系统等。他们新建的监狱条件比政府的一些老监狱好得多。私营监狱为囚犯提供许多培训班，教给囚犯谋生技能，如建筑技术、电脑操作等。美国最大的私营监狱设有73种课程，2000年就有8 000多人完成了监狱内的短期培训，并获得了相应的技能证书。[③] 这些课程的课时非常多，使得囚犯忙得不得了，根本没有机会再惹是生非。因此，在一定程度上缓解了监狱内的紧张气氛，最终让管理成本大幅度下降。这同时使囚犯更能适应出狱后自由社会的生活，降低了他们再犯罪的可能。

公立监狱不具有私营监狱的动力机制和激励机制，运作效率低下。私营监狱出于利益最大化的考虑，购物时精打细算，尽量采取节约措施，私营监狱较少官僚主义繁文缛节的羁绊，对各种资源的控制更有成效，有更为灵活的人力资源运作机制，具有多快好省地建造和维修监狱设施的能力。[④] 监狱私营化能在监狱管理服务领域引入竞争，私营监狱在节约成本、提高效率、管理创新、服务改善等方面所做的努力，既可以给公立监狱提供新的方向，又可以给公立监狱提供新的动力。

二、监狱私营化的国际趋势

截至2015年，美国、英国、澳大利亚、南非、韩国等国都已允许并建立了私营监狱。[⑤] 1987年，全世界私营监狱关押囚犯约为3 100人；

---

① 参见储槐植：《美国监狱制度改革的新动向——监狱私营化》，载《国外法学》1985年第2期，第37页。

② 参见张克武：《近距离观察美国监狱》(http://wljy.changde.gov.cn/art/2007/7/10/art_9421_103768.html[2010-12-25])。

③ 同上注。

④ 参见杜强：《美国监狱私营化现象》，载《社会》1999年第4期，第40—41页。

⑤ 参见季忠芳：《监狱制度变迁研究——一个理性的分析框架》，浙江大学2004年论文，第28页。

1998 年底，增至 132 346 人，其中美国私营监狱领头羊美国矫正公司和瓦肯胡特矫正公司关押囚犯数量就占据世界市场份额的 3/4，处于私营监狱市场支配地位。[①] 1994 年年底，美国已有 80 家私营监狱和私营看守所，15 家私营矫正机构与 12 个州和联邦政府签订了管理合同。[②] 截至 1997 年，全世界大约拥有 184 家私营监狱，美国 30 个州、波多黎各和哥伦比亚特区中有 158 家私营监狱管理机构，其中，得克萨斯州 43 家，加利福尼亚州 24 家，佛罗里达州 10 家，科罗拉多州 9 家，大多数私营监狱管理机构集中在美国南部和西南部。另外 26 家私营监狱分布在 3 个国家，澳大利亚 12 家，英国 12 家，南非 2 家。[③]

三、我国监狱体制现状

1954 年，我国颁布了新中国首部较系统、完整的监狱行政法规——《中华人民共和国劳动改造条例》，该条例明确规定监狱性质、任务、工作方针、政策以及监管工作、劳动生产、教育改造的制度、方法、原则等。随后，我国提出了“两个结合”的监狱方针，即惩罚管制与思想改造相结合、劳动生产与政治教育相结合。十年浩劫期间，监狱工作受到史无前例的冲击。拨乱反正后，监狱工作进入全面恢复和重建阶段，在 20 世纪 80 年代得到快速而稳定的发展。从新中国成立到 20 世纪 90 年代初，劳动改造始终占据监狱工作的主导地位。1994 年，我国颁布了第一部真正意义上的监狱法典——《中华人民共和国监狱法》（以下简称《监狱法》），标志着我国监狱工作进入了一个崭新的时代——监狱理论正式取代传统劳动改造学。我国现行监狱制度以刑罚执行为中心，随着监狱理论研究的蓬勃发展，“人本位”的监狱制度因其符合现代行刑理念而逐渐取代了原有的“刑本位”监狱制度。[④]

尽管我国现行法律并未为多元社会主体参与行刑作出明确规定，但是完全可以通过合理的法律解释，使多元社会主体参与行刑获得必

---

① 参见王廷惠：《美国监狱私有化原因研究》，载《财贸经济》2004 年第 9 期，第 76 页。

② 参见杜强：《美国监狱私营化现象》，载《社会》1999 年第 4 期，第 40—41 页。

③ 参见王廷惠：《美国监狱私有化原因研究》，载《财贸经济》2004 年第 9 期，第 76 页。

④ 参见季忠芳：《监狱制度变迁研究——一个理性的分析框架》，浙江大学 2004 年论文，第 67—68 页。

要的法律支持。[①] 1994 年颁布的《监狱法》第 68 条规定："国家机关、社会团体、部队、企业事业单位和社会各界人士以及罪犯的亲属，应当协助监狱做好对罪犯的教育改造工作。"《监狱法》第 68 条规定的外延极为宽泛的社会团体完全可以作为私营机构等非政府组织参与行刑的法律依据。

四、我国开展监狱私营化的必要性

统计资料显示，2000 年，我国监狱超押服刑人员 24 万人，监狱拥挤、罪犯超押，给监狱管理、监狱财政、服刑人员教育等带来困难，分押、分管、分教工作前景堪忧，短期自由刑罪犯"交叉感染"严重，"二进宫""三进宫"所占比例增速较快。[②] 我国约有 70% 的监狱远离城镇。我国中西部地区，如新疆、四川、云南、贵州等省、自治区监狱位置荒僻情况尤为突出。新疆维吾尔自治区所属监狱，特别是南疆的许多监狱，位于远离城市、交通不便的戈壁滩中，距乌鲁木齐市最近的也有 400 多公里，其中于田监狱距离乌鲁木齐市 2 200 公里。监狱远离社会，使各种社会教育难以实现，这加剧了罪犯社会化难度，影响罪犯复归社会，导致再犯罪率提高，增加监狱拥挤风险。[③]

国家对监狱系统的财政拨款逐年增加，但仍不能满足实际需要，监狱经费在全国多数省市没有足额保障。截至 2015 年，各地监狱经费缺口仍然依靠监狱企业收入来弥补。2003 年、2004 年两年期间，中央财政共向试点省市拨付资金 10.88 亿元、地方配套资金 21.8 亿元。但是，试点省市的监狱财政仅仅是"温饱型"保障，只能勉强维持监狱基本运转。[④] 有关数据显示，我国一个被判处 3 年有期徒刑的服刑人员，刑罚执行完毕时，国家要在其身上投入至少 5 万元资金，全国平均改造一名服刑人员的全年费用相当于一名大学生的全年费用。国家对监狱系统的财政拨款由 1992 年的 14 亿元增加到 2001 年的 108 亿元，9 年间增长了 7.7 倍，但仍不能满足实际需要。据估计，国家要拿

---

① 参见吴旭：《监禁刑的未来趋势》，载《国家检察官学院学报》2010 年第 3 期，第 100 页。

② 参见王顺安：《社区矫正理论研究》，中国政法大学 2007 年论文，第 116 页。

③ 参见陈瑶：《我国监狱管理体制改革研究》，东北大学 2009 年论文，第 28—29 页。

④ 同上书，第 26 页。

出 4 000 亿财政经费才能解决监狱经费问题，这是 2000 年我国财政收入的 30%。[①]

可见，我国同样存在与美国相似的监狱拥挤和监狱经费紧张的客观问题，只不过我国目前的困境没有美国严重而已。

五、美国监狱私营化对我国的启示

美国监狱私营化虽然取得了长足的发展，但总体上，其在美国的监狱系统中还处于“边缘”状态，断言它将取代公立监狱，则为时尚早。另外，私营监狱也有其弊端，私营监狱经营者的收入取决于关押囚犯的数量和关押时间的长短，因此，私营监狱经营者通过谨慎维护与政府部门紧密关系等手段维持私营监狱较高的“入住率”从而获利。私人经营者往往通过游说，试图增加犯人服刑时间，实施更为严厉的量刑标准以增加囚禁人数，避免监狱床位闲置。据报道，美国一家地方法院的法官，因收受私营监狱 260 万美元的贿赂，蓄意将至少 2 000 名无辜少年关进私营监狱。[②] 此外，私营监狱的经营者会从囚犯身上获取利润。例如，囚犯每通一次电话除收取电话费外，还要加收 3 美元的服务费等。据《纽约时报》报道，美国监狱私营化到底能走多远，成效有多好，还不是很清楚。美国私营监狱的兴起，与其说是对美国监狱制度的一种理性改革与探索，不如说是美国的一种无奈选择。但是，只要美国社会的犯罪率不出现实质性下降，只要建造与维持公立监狱的投资和成本仍然高昂，私营监狱就不会是“昙花一现”。[③]

福柯指出，不要让国家主权权力模式蒙蔽了我们的眼睛，不要错把刑罚权当然等同于国家惩罚权，把对惩罚的研究等同于对国家的研究。[④] 监狱可以私营化，中国也可以开展监狱私营化，但问题的关键是如何更好地提供监狱管理服务，而不是机械地在公共部门和私营部门

---

① 参见王学沛：《现代刑法观的重塑》，载《现代法学》1997 年第 3 期。

② 参见《美法官收受私营监狱百万贿赂坑陷两千人无辜入狱》(http://www.tianya.cn/publicforum/content/worldlook/1/225187.shtml[2010-12-15])。

③ 参见杜强：《美国监狱私营化现象》，载《社会》1999 年第 4 期，第 40—41 页。

④ Garland D, *Punishment and Modern Society: A Society in Social Theory*, Oxford: Clarendon Press, 1990: 129.

经营监狱系统之间进行非此即彼的选择①,更不能是对美国这种无奈选择的盲目追随。

本章小结

本章在全面分析研究囚犯战争的基础上,总结出它带给我们的有益启示,其中包括理论启示、政策启示、美国社区矫正的启示和美国监狱私营化的启示等。

1. 理论启示

一是"钟摆效应"。古典主义理论和实证主义理论都曾遭遇发展到顶峰时,国家却存在着从未有过的数量极大的犯罪行为的状况,两大刑罚理论发展的历史轨迹揭示出现代刑罚理论应该融合报应与预防于一身,而不应过分强调任何一方。一般而言,当社会的犯罪率呈现下降趋势时,刑罚哲学往往趋向预防;相反,当社会的犯罪率呈现出急剧上升的趋势时,刑罚哲学往往趋向于惩罚。"钟摆效应"朝向报应还是预防一端倾斜除了受犯罪率的影响外,还会受到来自政治、经济、文化和社会等多方面的影响。

二是刑度趋于轻缓、执行趋于开放。美国自 20 世纪 70 年代之后出现监禁刑过度使用的危机,从反面告诉我们坚持减少监禁刑的必要性。减少监禁刑、继续发展社区矫正已经成为美国刑罚发展的未来趋势。刑罚由严厉趋于轻缓的同时,刑罚的执行场所也在趋向开放。在美国,开放式监狱被称为"最低警戒监狱",关押被认为不会逃跑并不会彼此伤害的轻刑犯。在比利时、荷兰、加拿大、瑞士和葡萄牙等国,半自由刑制度也得到推行。

2. 政策启示

刑事政策的制定与出台,只能建立在犯罪不能消灭且只能合理预防的基础之上,这是逻辑起点与政策拟定的目标。现代犯罪学理论证明,在一种正常的社会形态下,犯罪现象是不可能被完全消灭的,我们只能在不动摇整个社会基本秩序的前提下尽可能地把犯罪现象控制

---

① 参见王廷惠:《美国监狱私有化:目标与效果分析》,载《中国行政管理》2005 年第 6 期,第 106 页。

在一定范围之内。刑事政策是社会政策的一个组成部分，刑事政策应当服从社会政策的需要。无论是针对犯罪的事后惩罚政策，还是事前的预防政策，都不应当仅仅考虑控制犯罪的需要，而是应当从有利于社会整体发展的高度进行考虑，应当充分体现立法者把握全局的能力。囚犯战争带来的严重后果告诉我们，预防与控制犯罪不能单纯地依靠刑罚，而应着眼于社会原因的分析及社会政策的拟制，比如种族政策、就业政策、医疗保障政策、老人和妇女儿童政策，等等。政策制定者们应该评估这些动态变化和影响犯罪率的各方面因素，采取平衡的综合的犯罪控制政策。

3．美国社区矫正的启示

司法部预防犯罪研究所调查统计的结果显示，1982 年，我国监狱在押囚犯总数为 63 万人，2002 年为 154 万人，在押囚犯增长幅度是人口增长幅度的 5 ~6 倍，我国监狱承受能力已到极限。我国监禁一名罪犯的年花费平均为 1 万元左右，我国监狱面临拥挤和财政紧张双重困难。根据司法部社区矫正制度研究课题组统计的数据揭示，我国社区矫正试点工作之前，缓刑和假释适用比例很低。在 2000 年到 2001 年期间，每年宣告缓刑和裁定假释的罪犯总数约有 12 万人。与当时监狱在押罪犯总数相比，缓刑、假释人口只占 16.7%，监禁罪犯是非监禁罪犯的 6 倍。开展社区矫正试点工作之后，情况有了改善。2014 年，实际开展试点的省、市、自治区已达到 31 个。2006 年 10 月 11 日，中共中央十六届六中全会又作出决定："积极推进社区矫正。"我们要克服畏难情绪，敢于走现代刑罚发展的必由之路，大力改革完善我国社区矫正制度和相关法律规定。结合我国具体国情，充分利用我国在管制、缓刑、假释等方面的成功经验，努力宣传现代法治思想，宣传社区矫正的意义价值，动员社会各界积极投身于社区矫正工作。我国在开展社区矫正时要吸取美国的教训，注意克服急躁情绪，不可盲目扩大社区矫正的范围，更不可滥用社区矫正。国家各级政府和执法机关、社区矫正机构、社会团体、民间组织以及志愿者应该通力合作，利用我国体制上的优势，科学地发展社区矫正事业，科学地改造罪犯并减少犯罪。

4．美国监狱私营化的启示

私营监狱是为减轻公立监狱的重压作为公立监狱的必要补充而

表现出它的存在价值的。在同一个社会制度里，公立监狱和私营监狱的根本性质没有不同，差别主要在于运行效能。实践和研究表明，私营监狱比起公立监狱在监禁质量上并不逊色。监狱私营化能在监狱管理服务领域引入竞争，私营监狱在节约成本、提高效率、管理创新、服务改善等方面所做的努力，既可以给公立监狱提供新的方向，又可以给公立监狱提供新的动力。福柯指出，不要让国家主权权力模式蒙蔽了我们的眼睛，不要错把刑罚权当然等同于国家惩罚权，把对惩罚的研究等同于对国家的研究。监狱可以私营化，中国也可以开展监狱私营化，但问题的关键是如何更好地提供监狱管理服务，而不是机械地在公共部门和私营部门经营监狱系统之间进行非此即彼的选择，更不能是对美国这种无奈选择的盲目追随。

结　　语

230 万名在押囚犯给美国社会造成的伤害是巨大的，影响是全面的。本书之所以选取囚犯战争作为主题，因为这里是矛盾纠结的地方，是问题暴露的窗口。本书通过翔实的数据、可靠的材料，全面分析论证了美国囚犯战争的背景、现状、影响、原因、对策、启示。美国囚犯战争产生的原因是非常复杂的，根本原因是美国社会基本矛盾的深化，例如移民问题、种族问题、贫富问题；某些矛盾激化，例如毒品问题；还有许多新矛盾的产生，例如城市问题、资源问题、环保问题、医保问题等。理论原因是美国刑罚理论向古典主义的回归，过分强调刑罚的惩罚性而忽视对犯罪原因的探寻。政策原因是美国政府采取了过于严厉的刑事政策。法律原因是严格量刑规则以及限制、取消假释等。其中社会矛盾是深层的、决定性的根本原因；理论原因是思想上的、导向上的重要原因；政策原因是主导性的、启动性的关键原因；法律原因是尺度上的、操作上的具体原因；另外，社区矫正的滥用也为囚犯战争的形成提供了必要的口实。为了解决囚犯战争问题，美国除了缓解社会矛盾、进行社会综合治理，还进行了艰苦的理论探索、复杂的政策调整，尤其是进行了长期的法律实践。在长期的法律实践中，美国社区矫正制度不断发展、充实、完善，为世界各国提供了社区行刑的宝贵经验。

几十年来，美国进行了三次“战争”，我国进行了三次“严打”，中国和美国在打击犯罪上有着太多相似之处，认真研究美国囚犯战争，从中获取有益启示，对于我国进行社会主义现代化建设，尤其是进行法制现代化建设，不仅具有理论价值，而且具有现实意义。

首先，我们要继续坚持缓解社会矛盾、进行社会综合治理、创建和谐社会的做法，这是解决犯罪问题的根本之道。

其次，我们的理论研究要大胆引进美国和国际上先进的理念，顺应“刑度趋于轻缓,执行趋于开放”的时代潮流,积极进行非监禁刑的研究与探索,为我国刑事政策的调整、法律的修改提供强有力的理论引导和依据。

再次,我们的刑事政策除了坚持与各项社会政策协调配套,还要适时吸收理论研究成果,努力做到宽严有据、宽严有度,并能及时、有步骤地进行必要的调整,坚决治理政策僵化、滞后的黑洞。

借鉴美国社区矫正方面的经验与教训,对于我国发展社区矫正事业,具有非常紧迫的现实意义。我们要走现代刑罚发展的必由之路,大力改革完善我国社区矫正制度。当前,一定要认真执行《社区矫正实施办法》中关于社区矫正适用主体、适用方式和适用条件的规定,既要积极开展,又要稳妥落实。根据我国实际情况,参照欧美相关法规,在刑法修改基础上及早制定出我国“社区矫正法”试行稿。像社区矫正这样涉及面广、影响大的法律实践,没有一个基本的法律规范,仅由试点单位自行摸索,很容易造成要么进展缓慢、迟迟开展不起来,要么各行其是、问题成堆的局面。尽快组建各级社区矫正领导、管理、培训机构,可由各级司法厅、局分立出相对独立的社区矫正机构,专司其职。充分利用我国体制上的优势,国家各级政府和执法机关、社区矫正机构、社会团体、民间组织以及志愿者应该通力合作,为改造罪犯、减少犯罪,为建设一个和谐、有序、文明、健康的社会共同努力。

参考文献

一、专著

1. 谢望原:《刑罚价值论》,中国检察出版社 1999 年版。

2. 冯卫国:《行刑社会化研究——开放社会中的刑罚趋向》,北京大学出版社 2003 年版。

3. 〔芬兰〕马蒂·乔森、〔芬兰〕瑞毛·拉蒂:《芬兰刑事司法制度》,王大伟等译,中国人民公安大学出版社 2000 年版。

4. 林山田:《刑罚学》,台北商务印书馆 1983 年版。

5. 林山田:《刑罚学》,台北商务印书馆 1992 年版。

6. 李贵方:《自由刑比较研究》,吉林人民出版社 1992 年版。

7. 刘强:《美国刑事执法的理论与实践》,法律出版社 2000 年版。

8. 潘国和、〔美〕罗伯特·麦尔:《美国矫正制度概述》,华东师范大学出版社 1997 年版。

9. 张甘妹:《刑事政策》,台北三民书局 1979 年版。

10. 〔法〕迪尔凯姆:《社会学方法的准则》,狄玉明译,商务印书馆 1995 年版。

11. 曲新久:《公共政策的权力分析》,中国政法大学出版社 2002 年版。

12. 〔法〕马克·安塞尔:《新刑法理论》,卢建平译,香港天地图书有限公司 1990 年版。

13. 许福生:《变动时期的刑事政策》,中央警察出版社 2003 年版。

14. 胡云腾:《存与废——死刑基本理论研究》,中国检察出版社 2000 年版。

15. 杨春洗:《刑事政策论》,北京大学出版社 1994 年版。

16. 王牧:《犯罪学》,吉林大学出版社 1992 年版。

17. 〔日〕福田坪、〔日〕大塚仁:《日本刑法总论讲义》,李乔等译,辽宁人民出版社 1986 年版。

18. 〔法〕福柯:《规训与惩罚》,刘北成、杨远婴译,三联书店 1999 年版。

19. 〔美〕迈克尔·舍默:《当经济学遇上生物学和心理学》,闾佳译,中国人民大学出版社 2009 年版。

20. 储槐植:《外国监狱制度概要》,法律出版社 2000 年版。

21. 〔美〕克莱门斯·巴特勒斯:《矫正导论》,孙晓雳等译,中国人民公安大学出版社 1991 年版。

22. 〔美〕大卫·E. 杜菲:《美国矫正政策与实践》,吴宗宪译,中国人民公安大学出版社 1992 年版。

23. 刘强:《美国社区矫正的理论与实践》,中国人民公安大学出版社 2003 年版。

24. 曲新久:《刑罚的精神与范畴》,中国政法大学出版社 2000 年版。

25. 〔法〕乔治·比卡:《犯罪学的思考和展望》,王立宪、徐德瑛译,中国人民公安大学出版社 1992 年版。

26. 许发民:《刑法的社会学分析》,法律出版社 2003 年版。

27. 林山田:《犯罪问题与刑事司法》,台北商务印书馆 1983 年版。

28. 〔意〕菲利:《实证派犯罪学》,郭建安译,中国政法大学出版社 1987 年版。

29. 〔意〕菲利:《犯罪社会学》,郭建安译,中国人民公安大学出版社 1990 年版。

30. 〔意〕贝卡里亚:《论犯罪与刑罚》,黄风译,中国大百科全书出版社 1993 年版。

31. 〔英〕威廉·葛德文:《政治正义论》,何慕李译,商务印书馆 1980 年版。

32. 张明楷:《刑法格言的展开》,法律出版社 1999 年版。

33. 贺来:《宽容意识》,吉林教育出版社 2001 年版。

34. 龙宗智:《上帝怎样审判》,中国法制出版社 2000 年版。

35. 〔日〕木村裕三、〔日〕平田绅:《刑事政策概论》,成文堂 2003 年版。

36. 〔日〕矫正研修所:《刑事政策》,财团法人矫正协会 2001 年版。

37. 王增铎、兰洁、徐浚刚等:《中加社区矫正制度比较研究》,法律出版社 2001 年版。

38. 潘华仿:《外国监狱史》,社会科学文献出版社 1995 年版。

39. 周振雄:《美国司法制度概览》,上海三联书店 1999 年版。

40. 马克昌:《近代西方刑法学说史略》,中国检察出版社 1996 年版。

41. 杨士隆、林健阳:《犯罪矫治——问题与对策》,台北五南图书出版公司 1994 年版。

42.《资产阶级刑法中的刑罚》,北京政法学院刑法教研室 1980 年翻印。

43. 邱兴隆:《关于惩罚的哲学:刑罚根据论》,法律出版社 2000 年版。

44. 储槐植:《美国刑法》,北京大学出版社 1996 年版。

45. 金鑫:《监狱学总论》,法律出版社 1997 年版。

46. 陈兴良:《刑法的价值构造》,中国人民大学出版社 1998 年版。

47. 〔美〕克莱门斯·巴特勒斯:《罪犯矫正概述》,龙学群译,群众出版社1987年版。

48. 翟中东:《刑罚个别化研究》,中国人民公安大学出版社2001年版。

49. Irwin J, Austin J, *It's About Time: America's Imprisonment Binge*, 2nd ed. Belmont, CA: Wadsworth, 1997.

50. Hans Toch, Kenneth Adams, *Acting Out: Maladaptive Behavior in Confinement*, Washington DC: American Psychological Association, 2002.

51. Gary Sutherland, *Reading Proficiency of Inmates in California Correctional Institutions*, Sacramento, CA: Cal. State Univ. Sacramento, 1997.

52. Edna McConnell Clark Foundation, *Seeking Justice: Crime and Punishment in America*, New York: Author, 1995.

53. Beckett K, *Making Crime Pay: Law and Order in Contemporary American*, New York: Oxford University Press, 1997.

54. Marie Gottschalk, *The Prison and the Gallows: The Politics of Mass Incarceration in America*, New York: Cambridge University Press, 2006.

55. Chesney Lind Meda, Mauer Marc, *Invisible Punishment: The Collateral Consequences of Mass Imprisonment*, New York: The New Press, 2003.

56. Sherwin Richard, *When the Law Goes Pop: The Vanishing Line between Law and Popular Culture*, Chicago: University of Chicago Press, 2002.

57. Reiman J, The Rich Get Richer, *the Poor Get Prison*, New York: Mac Millan, 1990.

58. Tonry M, *Malign Neglect: Race, Crime, and Punishment in America*, New York: Oxford University Press, 1995.

59. Howard Abadinsky, *Probation and Parole: Theory and Practice*, New Jersey: Prentice-Hall Inc., 1991.

60. Cromwell Paul, Killenger George, Kerper Hazel, et al., *Probation and Parole in the Criminal Justice System*, 2nd ed. St. Paul, MN: West Publishing Company, 1985.

61. Steven Belenko, *Research on Drug Courts: A Critical Review* 2001 *Update*, New York: The National Center on Addiction and Substance Abuse at Columbia University, 2001.

62. Saltzburg Stephen, Capra Daniel, *American Criminal Procedure*, 8th ed. St. Paul, MN: Thomson West, 2007.

63. Dirk Van Zyl Smit, Frieder Dunkel, *Imprisonment Today and Tomorrow*, 2nd ed. The Hague: Kluwer Law International, 2000.

64. Packer Herbert, *The Limits of the Criminal Sanction*, Stanford: Stanford University Press, 1968.

65. Garland D, *Punishment and Modern Society: A Society in Social Theory*, Oxford: Clarendon Press, 1990.

66. Hancock, Harry W, Sharp Paul, *Public Policy, Crime and Criminal Justice*, 3rd ed. Essex, UK: Pearson Education LTD, 2004.

67. Haney Craig, *Reforming Punishment: Psychological Limits to the Pains of Imprisonment*, Washington DC: American Psychological Association, 2005.

68. Garland D, *The Culture of Control: Crime and Social Order in Contemporary Society*, Chicago: University of Chicago Press, 2001.

69. Ostfeld Adrian, et al., *Stress, Crowding, and Blood Pressure in Prison*, London: Psychology Press, 1987.

70. John Irwin, *The Warehouse Prison: Disposal of the New Dangerous Class*, Los Angeles: Roxbury Publishing Company, 2004.

71. Clear T R, *Imprisoning Communities: How Mass Incarceration Makes Disadvantaged Neighborhoods Worse*, New York: Oxford University Press, 2007.

72. Vold George, *Theoretical Criminology*, Oxford: Oxford University Press, 1958.

73. Benson Bruce, Rasmussen David, *Illicit Drugs and Crime*, Oakland, CA: The Independent Institute, 1996.

74. Rasmussen David, Benson Bruce, *The Economic Anatomy of a Drug War: Criminal Justice in the Commons*, Lanham, MD: Rowman and Little Field, 1994.

75. Rydell C P, Everingham S S, *Controlling Cocaine: Supply Versus Demand Programs*, Santa Monica, CA: RAND, 1994.

76. *Behind Bars: Substance Abuse and America's Prison Population*, New York: The National Center on Addiction and Substance Abuse at Columbia University, 1998.

77. Clear T R, *Harm in American Penology*, Albany, NY: SUNY Press, 1994.

78. Cromwell Paul, Killinger George, *Community-based Corrections: Probation, Parole, and Intermediate Sanctions*, St. Paul, MN: West Publishing Company, 1994.

79. Michael Tonry, *The Future of Imprisonment*, Oxford: Oxford University Press, 2004.

二、报告

1. 司法部犯罪预防研究所:《中国犯罪白皮书》,2001 年。

2. 国务院新闻办公室:《2008 年美国的人权状况》,2009 年。

三、学位论文

1. 陈瑶:《我国监狱管理体制改革研究》,东北大学2009年论文。

2. 王顺安:《社区矫正理论研究》,中国政法大学2007年论文。

3. 房绪兴:《刑罚制度的历史阶段演进》,中国政法大学2006年论文。

4. 刘艳萍:《美国刑事政策研究——以“重重轻轻”两极化的刑事政策为视角》,中国政法大学2008年论文。

5. 陆敏:《非监禁刑论纲》,中国政法大学2005年论文。

6. 柳忠卫:《假释制度比较研究》,中国人民大学法学院2004年论文。

7. 刘强:《美国社区矫正与犯罪刑罚控制的演变史研究——兼对我国的借鉴与反思》,华东政法大学2008年论文。

8. 廖斌:《监禁刑现代化研究》,中国政法大学2005年论文。

9. 赵东:《社区矫正的属性与价值分析》,中国政法大学2004年论文。

10. 王维:《社区矫正制度研究》,西南政法大学2006年论文。

11. 黄华生:《论刑罚轻缓化》,中国政法大学2004年论文。

四、专著中析出的文献

1. 郭建安:《社区矫正:改革与完善》,载陈兴良主编:《刑事法评论》(第14卷),中国政法大学出版社2004年版。

2. 王珏:《中国社区矫正制度介绍》,载全国人大常委会法工委刑法室、司法部基层工作指导司:《“对轻刑犯的非监禁矫治措施中英研讨会”交流材料汇编》,2004年。

3. 王珏:《中国的社区矫正试点工作概述》,载中华人民共和国司法部、美国马里兰大学:《“社区矫正国际研讨会”交流材料汇编》,2005年。

4. 姜爱东:《中国社区矫正试点工作概述》,载司法部基层工作指导司:《社区矫正试点工作资料汇编》(五),2006年。

5. 李冰:《中国社区矫正试点工作概述》,载首都师范大学、北京市司法局:《“社区矫正——2006年北京国际论坛”论文·摘要·致辞汇编》,2006年。

6. 《北京市社区矫正试点工作情况》,载司法部基层工作指导司:《社区矫正试点工作资料汇编》,2006年。

7. 吕兴国:《更新工作理念、创新工作思路——在更高起点上推动北京市社区矫正工作的深入发展》,载首都师范大学、北京市司法局:《“社区矫正研究——2006年北京国际论坛”论文·摘要·致辞汇编》,2006年。

8. 〔美〕多利斯·麦肯兹:《什么在社区矫正中起作用?》,载司法部基层工作司:《社区矫正试点工作资料》(四),2005年。

9. Gaes Gerald, The Effects of Overcrowding in Prison, in Michael Tonry, Norval Morris, *Crime and Justice: An Annual Review of Research*, Chicago: University of Chicago Press, 1985, 95.

10. Blumstein Alfred, Crime and Public Policy, in Wilson James, Petersilia Joan, *Crime: Public Policies for Crime Control*, Richmond, CA: ICS Press, 2002.

11. Wilson James, Crime and Public Policy, in Wilson James, Petersilia Joan, *Crime: Public Policies for Crime Control*, Richmond, CA: ICS Press, 2002.

12. Hirsh Andrew, The Future of the Proportionate Sentence, in Blomberg T. G., Cohen S, *Punishment and Social Control: Essays in Honor of Sheldont L Messinger. Hawthorne*, NY: Aldine de Gruyter, 1995.

13. Currie Elliot, Crime Justice,and the Social Environment, in Hancock, Harry W, Sharp Paul, *Public Policy, Crime and Criminal Justice*, 3rd ed. Essex, UK: Pearson Education LTD, 2004.

14. Holt N, The Current State of Parol e in America, in Petersilia Joan, *Community Corrections*, New York: Oxford University Press, 1998.

15. Mauer Marc, Lessons of the"Get Tough" Movement in the United States, in The Sentencing Project Washington DC, International Corrections and Prison Association 6th Annual Conference, Beijing: [s. n.], 2004.

五、期刊中析出的文献

1. 王学沛:《现代刑法观的重塑》,载《现代法学》1997 年第 3 期。

2. 杜强:《美国监狱私营化现象》,载《社会》1999 年第 4 期。

3. 王廷惠:《美国监狱私有化:目标与效果分析》,载《中国行政管理》2005 年第 6 期。

4. 储槐植:《美国监狱制度改革的新动向——监狱私营化》,载《国外法学》1985 年第 2 期。.

5. 王廷惠:《美国监狱私有化原因研究》,载《财贸经济》2004 年第 9 期。

6. 吴旭:《监禁刑的未来趋势》,载《国家检察官学院学报》2010 年第 3 期。

7. 郭建安、郑霞泽:《略论改革和完善我国的社区矫正制度》,载《法治论丛》2003 年第 5 期。

8. 吴宗宪:《关于社区矫正若干问题思考》,载《中国司法》2004 年第 7 期。

9. 王廷惠:《私有化的边界与局限:以美国监狱私有化实践为例的分析》,载《制度经济学研究》2007 年第 3 期。

10. 陈颀:《美国私营监狱的复兴——一个惩罚哲学的透视》,载《北大法律评论》2009 年第 1 期。

11. 刘力:《美国监狱人口全球第一》,载《天涯》2003 年第 2 期。

12. 王志亮:《美国监狱囚犯的人权状况》,载《法治论丛》2010 年第 2 期。

13. 张鸿巍:《美国监狱管理的紧束化倾向研究》,载《河北法学》2005 年第 1 期。

14.《美国囚犯:抹不去的耻辱》,郑诚译,载《国外社会科学文摘》2002 年第 11 期。

15. 王华业:《美国的犯人监禁成本远高于缓刑监督成本》,载《法制资讯》2009 年第 5 期。

16. 程琦:《美国缓刑制度考察》,载《犯罪研究》2005 年第 2 期。

17. 〔美〕查尔斯 · 丁 · 林德纳:《在失败中度过百年的美国缓刑制度》,黄寒、桂亚胜译,载《犯罪研究》2000 年第 1 期。

18. 林晓萍:《"毒品战争"及其问题评析》,载《福建警察学院学报》2010 年第 2 期。

19. 汪贻飞:《中国式"量刑指南"能走多远——以美国联邦量刑指南的命运为参照的分析》,载《政法论坛》2010 年第 6 期。

20. 张亚平:《美国假释制度之趋势及其启示》,载《甘肃政法学院学报》2008 年第 4 期。

21. 康树华:《社区矫正历史、现状与重大理论价值》,载《法学杂志》2003 年第 4 期。

22. 程琦:《美国缓刑制度考察》,载《犯罪研究》2005 年第 2 期。

23. 杨凤宁、龚卫清:《社区矫治:我国刑罚发展的选择及建构》,载《犯罪研究》2004 年第 6 期。

24. 张亚平:《美国假释制度之趋势及其启示》,载《甘肃政法学院学报》2008 年第 4 期。

25. 王平:《监狱行刑需要妥善处理的几个关系》,载《河南社会科学》2010 年第 4 期。

26. 吴宗宪:《当代西方监狱学若干问题述评》,载《犯罪与改造研究》2003 年第 1 期。

27. 王牧:《根基性的错误:对犯罪学理论前提的质疑》,载《中国法学》2002 年第 5 期。

28. 司法部社区矫正制度研究课题组:载《改革和完善我国社区矫正制度之研究(上)》,载《中国司法》2003 年第 5 期。

29. Caulkins Jonathan, Rydell Peter, Schwabe William, et al., Mandatory Minimum Drug Sentences: Throwing Away the Key or the Taxpayers' Money?, *RAND*, 1997.

30. Spohn Cassia, Holleran David, The Effect of Imprisonment on Recidivism Rates of Felony Offenders: A Focus on Drug Offenders, *Criminology*, 2002, 40(2).

31. Gowdy V. B., Should We Privatize Our Prisons: The Pros and Cons, *Corrections Management Quarterly*, 1997(1).

32. Thornberry Terence, Call Jack, Constitutional Challenges to Prison Overcrowding: The Scientific Evidence of Harmful Effect, *Hastings Law Journal*, 1983, 35.

33. Andy Hochstetler, et al., Damaged Goods: Exploring Predictors of Distress in Prison Inmates, *Crime & Delinq.*, 2004, 50.

34. Michael Massoglia, Incarceration, Health, and Racial Disparities in Health, *Law & Soc'y Rev.*, 2008, 42.

35. Binswanger Ingrid, et al., Release from Prison-A High Risk of Death for Former Inmates, *New Eng. J. Med.*, 2007, 356.

36. Hamnett Theodore, Roberts Cheryl, Kennedy Sofia, Health-Related Issues in Prisoner Reentry, *Crime & Delinq.*, 2001, 47.

37. Edward Zamble, Behavior and Adaptation in Longterm Prison Inmates: Descriptive Longitudinal Results, *Crim. Just. & Behav.*, 1992, 19.

38. Claire Lawrence, Kathryn Andrews, The Influence of Perceived Prison Crowding on Male Inmates' Perception of Aggressive Events, *Aggressive Behav.*, 2004, 30.

39. Cataldo Frank, et al., Screening Prison Inmates for Mental Disorder: An Examination of the Relationship Between Mental Disorder and Prison Adjustment, *Bull. Am. Acad. Psychiatry & L.*, 1995, 23.

40. Wolff Nancy, et al., Physical Violence Inside Prison: Rates of Victimization, *Crim. Just. & Behav.*, 2007, 34.

41. Huey Meredith, Nulty Thomas, Institutional Conditions and Prison Suicide: Conditional Effects of Deprivation and Overcrowding, *Prison J.*, 2005, 85.

42. Morven Lease, et al., An Ecological Study of Factors Associated with Rates of Self-Inflicted Death in Prisons in England and Wales, *Int'l J. L. & Psychiatry*, 2006, 29.

43. John Wooldredge, Inmate Experiences and Psychological Well-Being, *Crim. Just. & Behav.*, 1999, 26.

44. Megargee Edwin, The Association of Population Density, Reduced Space, and Uncomfortable Temperature with Misconduct in a Prison Community, *Am. J. Community Psychol.*, 1977, 5.

45. Sheldon Ekland Olson, et al., Prison Overcrowding and Disciplinary Problems: An Analysis of the Texas Prison System, *J. Applied Behav. Sci.*, 1983, 19.

46. Gaes Gerald, Guire Willam, Prison Violence: The Contribution of Crowding Versus Other Determinants of Prison Assault Rates, *J. Res. Crime & Delinq.*, 1985, 22.

47. Phil Gunby, Sexual Behavior in an Abnormal Situation, *J. Am. Med. Ass'n*, 1981, 245.

48. Grounds Adrian, Jamieson Ruth, No Sense of an Ending: Researching the Experience of Imprisonment and Release Among Republican Ex-Prisoners, *Theoretical Criminology*, 2003, 7.

49. Grounds Adrian, Understanding the Effects of Wrongful Imprisonment, *Crime & Justice*, 2005, 32.

50. Leonard Lopoo, Bruce Western, Incarceration and the Formation and Stability of Marital Unions, *J. Marriage & Fam.*, 2005, 67.

51. Leonard Saxe, Charles Kadushin, Andrew Beveridge, et al., The Visibility of Illicit Drugs: Implications for Community-Based Drug Control Strategies, *American Journal of Public Health*, 2001, 91(12).

52. Riley Jack, Crack, Powder Cocaine, and Heroin: Drug Purchase and Use Patterns in Six Cities, *National Institute of Justice*, 1997(12).

53. Bates E, Private Prisons, *Nation*, 1998, 266.

54. David Farrington, Christopher Nuttall, Prison Size, Overcrowding, Prison Violence, and Recidivism, *J. Crim. Just.*, 1980, 8.

55. James Bonta, Motiuk Laurence, The Diversion of Incarcerated Offenders to Correctional Halfway Houses, *J. Res. Crime & Delinq.*, 1987, 24.

56. Bruce Western et al., The Labor Market Consequences of Incarceration, *J. Res. Crime & Delinq.*, 2001, 47.

57. Benson Bruce, Rasmussen David, Kim Iljoong, Deterrence and Public Policy: Trade-Offs in the Allocation of Police Resources, *International Review of Law and Economics*, 1998, 18.

58. Eric Blumenson, Eva Nilsen, Policing for Profit: The Drug War's Hidden Economic Agenda, *University of Chicago Law Review*, 1998, 65(1).

59. Mast Brent, Benson Bruce, Rasmussen David, Entrepreneurial Police and Drug Enforcement Policy, *Public Choice*, 2000, 104(3).

60. Ettner Susan, Huang David, Evans Elizabeth, et al., Benefit-Cost in the California Treatment Outcome Project: Does Substance Abuse Treatment "Pay for Itself", *Health Services Research*, 2006, 41(1).

61. Stith Kate, Koh Steve, The Politics of Sentencing Reform: The Legislative

History of the Federal Sentencing Guidelines, *Wake Forest L. Rev.*, 1993, 28.

62. The Philip D Reed Lecture Series, Panel Discussion: Federal Sentencing Under "Advisory" Guidelines: Observations by District Judges, *Fordham L. Rev.*, 2006, 75.

63. Ohlin Lloyd, The Effect of Social Change on Crime and Law Enforcement, *Notre Dame L. Rev.*, 1968, 43.

六、报纸中析出的文献

1. 中华人民共和国新闻办公室:《2001 年美国人权纪录》,载《法制日报》2002 年 3 月 12 日。

2. 国务院新闻办公室:《2007 年美国的人权纪录》,载《人民日报》2008 年 3 月 14 日。

七、电子文献

1.《美国监狱侵犯人权现象严重》(http://www.globalview.cn/ReadNews.asp? NewsID=20801[2010-11-26])。

2.《美法官收受私营监狱百万贿赂坑陷两千人无辜入狱》(http://www.tianya.cn/publicforum/content/worldlook/1/225187.shtml[2010-12-15])。

3.《人大代表建议出台社区矫正法》(http://china.findlaw.cn/fagui/lifadongtai/20100312/226317.html[2010-03-18])。

4. 张克武:《近距离观察美国监狱》(http:// wljy.changde.gov.cn/art/2007/7/10/art_9421_103768.html[2010-12-25])。

5. 老任:《监狱超级大国:美国牢房缘何人满为患》(http://world.people.com.cn/GB/14549/7008418.html[2010-11-18])。

6.《亚利桑那州监狱全要私营》(http://epaper.yangtse.com/yzwb/2009-10/26/content_14243745.htm[2011-01-18])。

7. 徐国人:《西方社会的毒瘤——律师帝国》(http://vip.book.sina.com.cn/book/chapter_36683_18196.html[2011-01-17])。

8. Expert Panel on Adult Offender Reentry & Recidivism Reduction Programs, A Roadmap for Effective Offender Programming in California, *Cal. Dep't of Corr. & Rehab*, 2007, 7, http://www.cdcr.ca.gov/news/ ExpertPanel.html.

9. Haney Craig, Counting casualties in the war on prisoners, *University of San Francisco Law Review*, 2008(summer): 87-138, http://www.supermaxed.com/NewSupermaxMaterials/Haney-Counting-Casualties-War-Prisoners.pdf [2010-07-12].

10. Haney Craig, The Psychological Impact of Incarceration: Implications for

Post-Prison Adjustment, in Prisoners in Travis Jeremy, Waul Michelle, Once Removed: The Impact of Incarceration and Reentry on Children, Families, and Communities, 2003, 33, http://aspe.hhs.gov/hsp/prison2home02/haney.pdf[2010-05-29].

11. Haigler Karl, et al., Literacy Behind Prison Walls, Nat'l Ctr. for Educ. Statistics, 1994, http://nces.ed.gov/ pubs94/94102.pdf[2009-10-09].

12. California Department of Corrections and Rehabilitation, http:// www.cdcr.ca.gov[2008-11-10].

13. California Department of Corrections Facts, http://web.archive.org/web/20020612144314/www.cdc.state.ca.us/Factsht.htm[2008-11-10].

14. Petersilia Joan, et al., Meeting the Challenges of Rehabilitation in California's Prison and Parole System, http://ucicorrections.seweb.uci.edu/files/Rehabilitation%20Strike%CC20Team% 20Report.pdf[2009-10-16].

15. Christopher Mumola, Incarcerated Parents and Their Children, U.S. Dep't of Justice, http://www.ojp.usdoj.gov/ bjs/pub/pdf/iptc.pdf[2009-09-15].

16. Smith Paula, et al., The Effects of Prison Sentences and Intermediate Sanctions on Recidivism: General Effects and Individual Differences, http://www.ccoso.org/library%20article s/200201_Gendreau_e.pdf[2011-01-05].

17. Legislative Analyst's Office, Reforming California's Adult Parole System 6, http://www.lao.ca.gov/analysis_ 1998/crim_justice_crosscutting_anl98.html#_1_1 [2010-11-20].

18. Memorial Day Doc Block Marathon, http://www.msnbc.msn.com/ id/24792326[2010-08-06].

19. CSI, Crime Scene Investigation, http://www.cbs. com/primetime/csi/ [2010-08-06].

20. Dilulio John, Rethinking the Criminal Justice System: Toward a New Paradigm, *Performance Measures for the Criminal Justice System*, 1993(1), http:// www.jrsa.org/evaluationwebsite/guide/ documents/rethinking_the_criminal_ justice_.htm.

21. King Ryan, Mauer Marc, Young Malcolm, Incarceration and Crime: A Complex Relationship, http://www.sentencingproject.org/doc/publications/inc_iandc_complex.pdf[2010-07-24].

22. Fbi, Crime in the United States, http://www.fbi.gov/ucr/05cius/arrests/index.html[2010-02-25].

23. King Ryan, Mauer Marc, The War on Marijuana: The Transformation of the War on Drugs in the 1990s, http://www.sentencingproject.org/doc/publications/dp_waronmarijuana.pdf[2010-06-22].

24. Mauer Marc, King Ryan, A 25-Year Quagmire: The War on Drugs and Its Impact on American Society, http://www.sentencingproject.org/doc/publications/dp_25yearquagmire.pdf[2010-05-08].

25. Senate Research Center, Parole: Then and Now, http://www.senate.state.tx.us/SRC/pdf/ib0599.pdf[2010-06-08].

26. Probation and Parole in the United States, http://www.ojp.usdoj.gov/bjs/pub/pdf/ppus03.pdf[2010-06-08].

27. Why Obama Should Take on Prison Reform, http://www.aolnews.com/2010/08/17/opinion-why-obam a-should-take-on-prison-reform/[2011-01-05].

28. Facts about Prisons and Prisoners, The Sentencing Project, http://prisonpolicy.org/scans/prison_facts.pdf[2010-11-16].

29. Incarceration, The Sentencing Project, http://www.sentencingproject.org/template/page.cfm? id=107[2011-01-15].

30. World Prison Brief, King's College London, http://www.kcl.ac.uk/depsta/law/research/icps/worldbrief/[2010-11-21].

31. Sabol William, West Heather, Prisoners in 2009, Bureau Justice Statistics, http://bjs.ojp.usdoj.gov/index.cfm? ty=pbdetail&iid=2232[2011-01-05].

32. Interactive Map, The Sentencing Project, http://www.sentencingproject.org/map/map.cfm[2010-12-12].

图表索引

后　　记

“囚犯战争”这个话题太沉重了。在美期间,看到人们平静优雅的生活,又有谁能意识到这是以几百万人被关进监狱、几千万人夜不能寐为代价的呢？想到自己是为解决这个问题、不让这个悲剧在祖国上演,就感觉到自己的责任格外重大。我深感自己的能力不足,只有付出格外的努力。

在本书的写作过程中,得到中美许多学者、老师、同学的无私帮助,借此机会向他们表示衷心的感谢。感谢我的导师吉林大学法学院张旭教授,感谢他悉心的指导、中肯的建议;感谢我的老师吉林大学法学院李洁教授、徐岱教授、闵春雷教授,感谢他们谆谆的教诲、深邃的思想;感谢美国密苏里大学法学院 Jeffrey E. Thomas 教授、William G. Eckhardt 教授、Sean O'Brien 教授、Mark Berger 教授,感谢他们诚恳的讨论、珍贵的资料;感谢我的实习指导律师美国密苏里州公设辩护律师办公室 Alice K. Wasson 女士,感谢她耐心的指教、开放的理念;感谢北京大学出版社王建君编辑,感谢她细致的校对、得体的修改;感谢王志远、单勇、王充、蔡一军等老师和同学,感谢他们慷慨的研讨、宝贵的意见;感谢所有给过我帮助和支持的人。最后,感谢中国青年政治学院对于本书出版给予的资助。

2015 年 11 月